STANLEY

SA VIE

SES AVENTURES ET SES VOYAGES

STANLEY

SA VIE

Ses Aventures et ses Voyages

PAR

ADOLPHE BURDO

EXPLORATEUR DE L'AFRIQUE CENTRALE
MEMBRE DE LA SOCIÉTÉ DE GÉOGRAPHIE DE PARIS

PARIS
A LA LIBRAIRIE ILLUSTRÉE
7, RUE DU CROISSANT, 7

STANLEY

SA VIE, SES AVENTURES ET SES VOYAGES

CHAPITRE PREMIER

Le petit mousse. — L'enfance de Stanley. — Son père d'adoption. — Soldat confédéré. — Le reporter américain.

C'était par une froide et triste soirée de décembre. Depuis le matin, une brume épaisse avait interrompu la circulation des vapeurs sur la Mersey et rendu impossible l'accès du port de Liverpool; à la tombée de la nuit, le brouillard s'était ramassé et avait envahi la ville : on eût dit d'un blanc suaire que piquaient çà et là sans le pouvoir percer les points rougeâtres des réverbères. Il y avait un peu de tout dans ce brouillard : du givre, de la vapeur d'eau, des émanations d'égouts, et de la fumée d'usine qui se rabattait sur le sol ; c'était le vrai fog anglais, père du spleen et des idées noires.

Sous le porche de la maison d'un entrepositaire, au milieu de tonneaux d'huile et de couleurs, un jeune garçon était accroupi songeur; à la clarté du bec de gaz qui flambait dans le couloir où le vent en s'engouffrant faisait rage, l'enfant comptait et recomptait dans sa main quelques pièces d'argent; et chaque fois que trébuchait la dernière, il y avait dans ses yeux, dans son geste, dans tout son être comme un désespoir poignant.

— Ce n'est pas assez, murmurait-il; il manque près d'une livre ! Jamais je ne gagnerai cela d'ici à demain ! Et pourtant, j'ai quitté mon gîte ce matin pour n'avoir pas à payer ma nuit !

Il fit une pause.

— Ah ! c'est que j'espérais travailler davantage aujourd'hui, continua-t-il avec un gros soupir; mais, par ce brouillard, les navires n'ont pas pu entrer dans le port, et il n'y a pas eu grand'chose à gagner pour les petits déchargeurs !

Son regard devint dur et fixe :

— Et pourtant, c'est demain qu'il part, ce bateau pour la Nouvelle-Orléans !

L'enfant avait pris son front dans ses deux mains, et de ses doigts crispés il semblait vouloir pétrir sa tête pour en faire jaillir la solution d'un problème ardu. Soudain, il se redressa, et, d'un air crâne :

— Je partirai quand même ! dit-il simplement.

Et là-dessus, avec ce calme que donne une résolution inébranlable qui met fin à tout enfantement nouveau de l'esprit, il s'étendit par terre, ferma les yeux, et s'endormit profondément avec un tonnelet de céruse pour oreiller.

Le lendemain, de bonne heure, il était au port, et, s'adressant au patron d'un navire en partance pour la Nouvelle-Orléans :

— Je voudrais m'enrôler parmi vos hommes d'équipage, demanda-t-il.

— Il est au complet, mon équipage, fit le capitaine d'un ton bourru.

— C'est que, voici, monsieur : je veux aller à la Nouvelle-Orléans ; or, il me manque une livre pour payer mon passage à votre bord ; alors, j'ai pensé que peut-être vous me permettriez de suppléer à cela par mon travail; je me mettrai à n'importe quelle besogne ; le voulez-vous ?

Le capitaine allait l'envoyer au diable quand, levant les yeux sur ce voyageur en herbe, il fut frappé de son air intelligent et décidé; il eut un moment d'hésitation, puis, appelant le quartier-maître :

— « Enrôlez-moi ça comme mousse, » ordonna-t-il.

Et le jeune garçon s'en alla à la Nouvelle-Orléans, gagnant son passage et son pain au rude labeur du marin.

Ce pauvre petit diable qui, à seize ans, couchait à la belle étoile dans les rues de Liverpool, ce courageux enfant qui déjà travaillait comme un homme, cet être remuant et énergique que piquait dès l'enfance la tarentule des voyages, c'était Stanley, le futur explorateur qui plus tard allait attacher son nom aux plus grandes épopées géographiques de notre époque.

— La plupart des hommes qui ont agrandi le domaine géographique, — a dit feu Emile Banning, un modeste mais un des plus érudits historiographes de notre temps, — ne savaient pas où aboutirait le sillon qu'ils ouvraient; mais ils l'ont résolument poussé devant eux, et c'est parce qu'ils ont fait cela que l'humanité leur doit quelques-unes des belles pages de son histoire. »

Ces paroles ne peuvent être mieux appliquées qu'à Stanley dont la carrière scientifique s'est ouverte d'une façon presque inconsciente au début, et chez qui nul n'aurait pu prédire les destinées qu'il a atteintes.

De son vrai nom, Stanley s'appelle John Rowlands; alors que beaucoup le croient Américain, il est en réalité Anglais, né en 1840 à Denbigh dans le pays de Galles, d'une mère si pauvre, que la malheureuse femme fut obligée de placer ce fils qu'elle chérissait à l'hospice des enfants de Saint-Asaph; c'est là que le jeune Rowlands reçut sa première instruction, et, à cette époque déjà, son caractère se dessinait; il était ombrageux, peu communicatif, très susceptible, doué d'une volonté de fer, d'une humeur inflexible; de bonne heure aussi, il se passionna pour l'étude de la géographie, et on ne pouvait l'arracher à la lecture des voyages, des récits émouvants, des aventures en lointains pays. Lorsque enfin, plus tard, ses idées prirent corps, quand sa vocation devint une véritable obsession pour son esprit, lorsqu'il comprit que pour se rendre au loin, il fallait partir d'un grand centre maritime, il prit la résolution d'aller à Liverpool, et, à l'âge de treize ans, il s'y rendit à pied, gagnant son pain et son gîte en travaillant le long de la route.

Ce n'est pas qu'il n'aimât point sa mère, oh! non! Il avait au contraire pour la pauvre femme une adoration muette, concentrée, qui se trahissait par des élans subits d'une tendresse folle dont elle se trouvait si heureuse! Il l'aimait au-dessus de tout, il aurait, sans hésiter, donné sa vie pour elle; et cependant, il la quitta malgré ses supplications et ses larmes; il la quitta presque en mauvais sujet, en vagabond qui court au loin tenter sottement fortune. Etrange contradiction qui parfois fait douter du cœur de l'enfant et croire à de l'ingratitude! C'est qu'au fond de lui-même, sans qu'il s'en rendit compte, le jeune Rowlands subissait une poussée irrésistible vers les grands voyages; une force surnaturelle l'attirait dans cette voie; et, ni son amour pour sa vieille mère, ni le chagrin mortel qu'il lui causait en partant ainsi, ni les fatigues de la route, ni les menaces de l'inconnu où il s'aventurait sans défense, rien ne l'arrêta. Il ne voyait que son but : gagner Liverpool pour, delà, partir bien loin, dans des pays inconnus, sauvages, y planter sa tente, y vivre de la grande vie d'indépendance et de liberté.

C'était, en un mot, le Stanley de l'avenir qui, se révélant dans cet enfant jeune et frêle, s'en allait, à pied, chercher un navire pour commencer sa vie de voyageur.

Arrivé à Liverpool, il ne trouva pas à s'enrôler à bord d'un vapeur comme il l'espérait ; il eut des moments de désespoir fou ; mais sans se laisser abattre, il résolut de travailler pour amasser la somme nécessaire à son passage ; et pendant près de trois ans, cet enfant fit le dur métier de déchargeur dans le port de Liverpool. C'est là que nous venons de le trouver, comptant son pauvre argent amassé sou par sou au prix d'un labeur ingrat, et n'arrivant pas à aligner la somme qu'il fallait pour payer sa traversée de Liverpool à la Nouvelle-Orléans.

On vient de voir comment le problème fut résolu grâce à la complaisance bourrue d'un vieux loup de mer qui avait flairé quelqu'un dans ce corps d'enfant ; et il semble, de plus, que la main du destin qui le poussait, lui ait indiqué la Nouvelle-Orléans comme but, de préférence à tout autre lieu : c'est là, en effet, que le jeune Rowlands allait rencontrer son grand bienfaiteur dont il prit et illustra le nom.

A peine arrivé, et comme il manquait absolument de tout moyen d'existence, l'enfant se mit en devoir de trouver un emploi qui lui donnât du pain ; il le trouva chez un négociant, nommé Stanley, à qui sa figure décidée, et son caractère énergique inspirèrent, sans doute, une grande confiance, car d'emblée il se vit accepté comme commis ; bientôt, par son intelligence et son activité, il gagna les bonnes grâces, la sympathie de son patron qui l'éleva successivement aux plus hauts emplois et finit même par l'adopter.

Telle fut l'origine du nom de Stanley.

Hélas! ce brillant début dans la vie n'eut pas de lendemain : l'homme de bien qui protégeait de la sorte le futur explorateur africain, mourut subitement sans avoir eu le temps de faire aucun testament, et Stanley vit s'évanouir ainsi d'un jour à l'autre son avenir, ses espérances de fortune et la récompense d'un travail dévoué.

Le coup dut lui être sensible ; il eut même probablement des conséquences fatales, car pendant les neuf années qui suivent cette catastrophe, on perd complètement la trace de Stanley, on ignore ses faits et gestes, on ne sait rien de la manière dont il vécut. Sans doute, ce fut l'époque critique de sa vie, celle où il eut à lutter contre des situations atroces; plus amèrement que dans sa première jeunesse, il connut alors le *Strugle for live*, la lutte pour la vie, déplorable combat où le soldat obscur ne trouve souvent que la défaite ou la mort. Mais pour les grandes âmes, cette période d'épreuves est aussi le creuset où tout s'épure, où le courage s'avive, où l'énergie se trempe, et d'où l'on sort ardent pour la bataille, cuirassé contre le revers et marqué pour la victoire finale.

Ce fut encore le cas de Stanley.

En 1861, éclate dans les Amériques la fameuse guerre de Sécession, et nous trouvons Stanley enrôlé dans l'armée confédérée sous les ordres du général Johnstone; sans cesse sur la brèche, payant vaillamment de sa personne, il fut fait prisonnier en avril 1862, à la bataille de Pittsburgh; il avait tant souffert, tant bataillé, les jours pour lui avaient été si durs, que son corps émacié n'était qu'un vrai squelette, d'une maigreur invraisemblable; cette circonstance le sauva : pendant qu'on le transportait au quartier général pour y passer au conseil de guerre et pour y être fusillé, il parvint à se glisser entre les barreaux de la voiture; ses gardiens s'en aperçurent, lui envoyèrent une grêle de balles, mais il réussit à prendre le large et à reconquérir sa liberté.

Dès lors, sous la menace continuelle d'être arrêté et passé par les armes comme prisonnier confédéré, Stanley finit par s'engager comme simple matelot dans la marine fédérale. Il ne tarda pas à s'y distinguer : en 1863, il était nommé secrétaire du capitaine commandant le *Ticonderoga*, et quatre mois plus tard, celui de l'amiral qui hissait son pavillon sur ce même bâtiment. Ce fut alors une suite de succès pour Stanley, et peu de temps après, il gagnait son grade d'enseigne de vaisseau sur le champ de bataille.

Il guerroya de la sorte jusqu'en 1865. A cette époque, le *Ticonderoga* étant en croisière devant Constantinople, Stanley demanda et obtint un congé dont il profita pour faire un voyage dans l'Asie

Mineure ; de là, il revint en Europe, et retourna au pays natal pour y revoir sa mère.

Il y eut de douces larmes de joie, en juin 1865, dans la pauvre maison de Denbigh, au pays de Galles ; depuis près de quinze ans, la vieille mère n'avait pas revu son enfant : Dieu le lui rendait officier de marine et déjà célèbre. Comme elle eût voulu le retenir, l'attacher à elle, le river à ses vieux jours ! Mais la même force invincible l'attirait encore et toujours ; quand il eut consolé sa mère, quand au sein du pauvre foyer il eut ramené un peu de confort et de joie, quand il eut assuré le sort de la pauvre femme, un matin il lui baisa longuement ses blancs cheveux, et bien vite, sans regarder derrière lui, il s'en fut une fois encore, poussé par sa destinée.

Lorsqu'il revint aux Etats-Unis, la guerre était terminée ; il ne lui convenait pas de mener la vie sédentaire d'officier, et il donna sa démission. C'est alors qu'on le voit aborder sa nouvelle carrière dans laquelle il allait s'illustrer : Stanley devint journaliste.

L'Amérique est la vraie patrie du reporter. Là-bas, où tout se fait dans des proportions géantes, le reportage atteint des limites telles que nos pays en offrent peu d'exemples ; les reporters des grands journaux ont des traitements de ministres ; ajoutons que tout n'est pas rose dans leur métier : tandis que leurs confrères d'Europe pontifient le plus souvent au sein des émanations de l'art et de la science, les reporters d'Amérique ont presque constamment le fusil à l'épaule, et marchent en soldats à la suite des colonnes guerrières. Dans ces vastes contrées où tant de territoires sont encore sauvages, il y a toujours quelque coin où l'on se bat : c'est là que le reporter doit être tout d'abord.

C'est ainsi que la première campagne de Stanley comme reporter du *Missouri Democrat* et de la *New-York Tribune*, fut de suivre l'expédition du général Hancock contre les Indiens Cheyennes et Kiowas. Les comptes rendus qu'il envoya alors attirèrent sur lui l'attention de la presse entière : on y sentait un maître; il fit plus : la campagne guerrière terminée, au lieu de revenir avec le corps d'armée, Stanley, accompagné d'un seul homme, descendit en radeau la rivière Platte jusqu'à sa jonction avec le Missouri.

Il se révélait donc déjà explorateur, et dès lors ce fut à qui se disputerait le hardi reporter; le *New-York Herald*, dont chacun connaît la puissance, se l'attacha comme correspondant-voyageur, aux appointements de 20,000 fr. par an.

On était alors en 1867. L'Angleterre préparait sa grande expédition d'Abyssinie, et Stanley la devançant sur la mer Rouge, envoya à son journal les premières nouvelles du débarquement des troupes et de l'organisation des caravanes de transport du corps expéditionnaire. Dans cette campagne fameuse, qui rappela par ses proportions géantes les fastes des guerres Puniques, comme jadis à Carthage tout un corps d'éléphants guerriers fut chargé du transport et du ravitaillement des troupes. Ces animaux avaient été amenés des Indes à grands frais, et ce fut merveille de les voir traverser forêts, montagnes, ravins, avec une docilité surprenante, puis jeter l'épouvante au sein des populations ennemies.

De sa plume chaude et vibrante, qui savait communiquer au public l'enthousiasme de l'écrivain, Stanley sut décrire avec une force dramatique empoignante les péripéties de cette guerre lointaine;

et quand Magdala fut prise, quand Théodoros vaincu, trouva la mort dans un superbe et mâle désespoir, ce fut Stanley qui le premier en expédia la nouvelle avec une rapidité si surprenante que le *New-York Herald* put la publier un jour entier avant que le ministère anglais en eût eu connaissance par l'état-major qui opérait sur les lieux.

Du reste, Stanley fut mêlé comme journaliste à tous les grands événements politiques et guerriers de notre époque : tantôt il est à Madrid au moment de la chute d'Isabelle II, tantôt au canal de Suez pour en étudier les travaux; il fit aussi un grand voyage dans l'Asie centrale, et, de tous ces points, il expédia à son journal *le New-York Herald* des correspondances tantôt dramatiques, tantôt scientifiques, toujours attrayantes et inédites.

Enfin, en octobre 1869, nous le trouvons à Madrid, de retour du carnage de Valence. Il comptait y prendre quelque repos bien gagné; mais, comme le gladiateur dans l'arène, le reporter doit toujours être prêt à partir au reçu de l'ordre qui peut l'envoyer au plaisir ou à la mort; festin ou bataille, c'est toujours la même formule : « Partez ! » Et, cette fois, le reporter du *New-York Herald* allait être appelé à une œuvre qui devait avoir sur sa destinée une influence capitale.

---

vous à Madrid, [illegible]
Valence. Il [illegible]
[illegible]

CHAPITRE II

Gordon Bennett. — A la recherche de Livingstone. — Zanzibar. — La caravane en marche. — Fatales discordes.

Dans la nuit du 17 octobre 1869, Stanley descendait au Grand-Hôtel à Paris, et s'en allait directement frapper à la porte de la chambre de James Gordon Bennett, fils du célèbre fondateur du *New-York Herald*.

— Entrez, dit une voix.

Bennett se trouvait encore au lit.

— Qui êtes-vous? demanda-t-il.

— Stanley.

— Ah! oui; prenez un siège. Je vous ai télégraphié à Madrid de venir me trouver; j'ai pour vous une mission importante.

Tout en parlant, il se levait, jetait sa robe de chambre sur ses épaules, et, continuant :

— Où pensez-vous que soit Livingstone? demanda-t-il vivement.

— Je n'en sais vraiment rien, monsieur.

— Croyez-vous qu'il soit mort?

— Possible que oui, possible que non.

— Moi, je pense qu'il est vivant, qu'on peut le trouver, et je vous envoie à sa recherche.

— A la recherche de Livingstone! mais c'est aller au centre de l'Afrique! Est-ce là ce que vous entendez?

— J'entends que vous partiez, que vous le retrouviez, n'importe où il soit, que vous rapportiez de lui toutes les nouvelles possibles, et, qui sait?..... le vieux voyageur est peut-être dans le besoin; prenez avec vous tout ce qui pourra lui être utile. Naturellement, vous suivrez vos propres idées; faites comme bon vous semblera, mais retrouvez Livingstone.

Un peu abasourdi d'abord, Stanley demanda à Bennett s'il avait réfléchi à la dépense qu'occasionnerait pareil voyage; n'ayant ni l'un ni l'autre les données suffisantes pour établir le budget de cette entreprise, il fut décidé que Stanley tirerait sur le *New-York Herald*, au fur et à mesure de ses besoins, des traites de 25,000 francs.

— Vous avez carte blanche, lui dit Bennett, mais retrouvez Livingstone.

— C'est bien, monsieur. Dois-je aller directement en Afrique centrale?

— Non. Vous assisterez d'abord à l'inauguration du canal de Suez; de là, vous remonterez le Nil; j'ai entendu dire que Baker allait partir pour la haute Egypte, informez-vous de son expédition. Vous ferez bien, après cela, d'aller à Jérusalem; le capitaine Warren fait là-bas, dit-on, des découvertes importantes; puis à Constantinople, où vous vous renseignerez sur les dissentiments qui existent entre le Sultan et le Khédive. Après,..... voyons un peu..... Vous passerez par la Crimée et vous visiterez ses champs de bataille; puis vous suivrez le Caucase jusqu'à la mer Caspienne : on dit qu'il y a là une expédition russe en partance pour Khiva. Ensuite, vous gagnerez l'Inde en traversant la Perse; vous pourrez écrire de Persépolis une lettre intéressante. Bagdad sera sur votre passage, adressez-nous quelque chose sur le chemin de fer de la vallée de l'Euphrate; et quand vous serez dans l'Inde, embarquez-vous pour rejoindre Livingstone en Afrique. A cette époque, vous apprendrez peut-être qu'il est en route pour Zanzibar; sinon, allez dans l'intérieur et cherchez-le jusqu'à ce que vous l'ayez trouvé. Informez-vous de ses découvertes; enfin, s'il est mort, rapportez-en des preuves certaines. Maintenant, bonsoir, et que Dieu soit avec vous !

— Bonsoir, monsieur. Tout ce que l'humaine nature a le pouvoir de faire, je le ferai; et, dans la mission que je vais accomplir, que Dieu soit avec moi !

Cela ressemble à une page de roman; et c'est pourtant ainsi que s'est décidée et conclue cette première odyssée de Stanley dans l'Afrique centrale; successivement, on vit le hardi reporter traverser les étapes qu'on lui avait indiquées et arriver enfin, le 6 janvier 1871, à Zanzibar où devait commencer sa grande mission à la recherche de Livingstone.

Il ne serait pas possible dans ces pages de le suivre pas à pas au milieu des péripéties qui marquèrent cette expédition où il se révéla à la fois intrépide voyageur et observateur sagace, et qui fut couronnée d'un succès inespéré; je n'en rappellerai ici que les phases maîtresses, pour que l'on puisse se rendre compte du travail gigantesque accompli par cet homme avec un bonheur si surprenant.

Une fois à Zanzibar, son premier soin fut d'organiser sa caravane. Les rares voyageurs qui l'y avaient précédé n'avaient laissé que peu de notes à cet égard, et, pour faire le moins d'écoles possible, Stanley s'adressa à un Arabe, au vieux cheik Hashid, un des richards honnêtes de l'endroit. Il apprit par lui que, pour nourrir cent hommes dans l'intérieur de l'Afrique, il suffit par jour de six dotis ou quarante mètres d'étoffe commune, ce qui, pour l'année, représente trois mille six cent cinquante dotis à choisir parmi les tissus qui ont cours dans les régions africaines que l'on doit traverser; même étude au sujet des perles : telle peuplade en veut des blanches, telle autre préfère les jaunes ou les vertes. Il fallait encore des provisions de bouche, des ustensiles de cuisine, des sacs, des tentes, de la corde, des ânes et leur équipement, de la toile, du goudron, des aiguilles, des outils, des armes, des munitions, des médicaments, des couvertures, tout un monde enfin !

Puis, il y a la question des porteurs, ce choix-là est des plus ingrats, car Zanzibar regorge de va-nu-pieds, de bandits, gens de sac et de corde, toujours les premiers à se présenter en semblable occurrence, soit qu'ils fuient une condamnation ou flairent quelque bon coup à faire au loin. Mais généralement le Sultan met à la disposition des voyageurs le chef même de la police, et c'est ce fonctionnaire redouté qui préside en personne aux séances de recrutement. Dès qu'un chenapan paraît pour s'enrôler, avant même qu'il ait ouvert la bouche pour décliner son nom, il faut voir la canne du policier décrire dans l'air un rapide sillage et retomber dru comme grêle sur les épaules du drôle qui, sans demander son reste, s'enfuit à toutes jambes.

Stanley engagea comme chef d'escorte un nègre Bombay qui avait accompagné Speke et qui lui procura dix-huit askaris ou soldats de caravane dont il répondait; pour porter les ballots, les caisses, les tentes, les sections d'un bateau démonté, il fallut enrôler cent soixante porteurs dont la charge moyenne est de soixante-dix livres; pour cet emploi, on choisit généralement des Vounyamouési, naturels du district de Taborah, gens indisciplinés, têtus, fantasques, qu'il faut savoir manier adroitement, et dont on fait alors tout ce qu'on veut.

Au total, quand le 21 mars 1871, l'expédition de Stanley quitta la côte, elle comptait 192 membres, dont 3 Européens, 23 askaris de Zanzibar, 4 surnuméraires, 4 chefs noirs et 153 pagazis ou porteurs.

Au début du voyage, tout alla bien. La contrée qu'on traverse, du reste, est merveilleuse : c'est l'Ousagara, pays aux montagnes fertiles, aux plaines superbes et grasses comme des parcs anglais, pays d'abondance, bien arrosé et sillonné par les caravanes; mais hélas! les ennuis et les mécomptes ne devaient pas tarder de s'abattre sur l'expédition.

Les rapports entre Stanley et les deux autres auxiliaires européens qu'il s'était choisis, s'envenimèrent bien vite et ce fut un des premiers tracas de l'explorateur. Cela semble, du reste, la loi fatale : presque tous les voyageurs africains se sont querellés avec leurs compagnons de route. Est-ce le climat équatorial qui en est cause, ou bien sont-ce les soucis, les inquiétudes qui ont pour influence de rendre l'Européen irritable, enclin au spleen, peu traitable, ennuyé et ennuyeux? C'est un peu tout cela ensemble, sans doute, car que de drames intimes ! que d'aimables jeunes gens liés d'une amitié étroite et ancienne et qui, partis ensemble pour l'Afrique centrale se sont pris en grippe là-bas et sont devenus des ennemis irréconciliables !

Les deux blancs qui accompagnaient Stanley s'appelaient Shaw et Farquhar; c'étaient d'anciens matelots anglais, et l'explorateur ne tarda pas à reconnaître leur peu d'aptitudes pour le grand travail auquel il les avait associés. Tous deux cependant mangeaient à la même table que Stanley, et ce fut même à l'occasion d'un repas que la discorde qui couvait dans le cœur de ces trois hommes éclata un beau jour.

On était au 15 mai; depuis deux mois, la caravane avançait vers le cœur du continent africain, et les difficultés devenaient naturellement plus grandes comme aussi les privations et la somme d'efforts et de sacrifices qui incombait à chacun. Or, ce jour-là, lorsque Shaw et Farquhar arrivèrent pour déjeûner, leurs figures étaient diablement renfrognées et ne présageaient rien de bon ; ni l'un ni l'autre ne répondirent au bonjour que leur adressa Stanley, et leurs visages se détournèrent pour éviter son regard.

Sans attacher d'importance à ces impertinences mal déguisées, leur chef les pria de s'asseoir, et aussitôt le domestique nègre, Sélim, apporta le déjeûner. Le menu se composait d'un quartier de chèvre rôti, d'un foie à l'étuvée, d'une demi-douzaine de patates, d'une assiettée de crêpes et d'une tasse de café, un vrai festin de Balthazar pour qui a la moindre notion de la vie d'un voyageur en Afrique centrale !

— Veuillez découper le rôti, dit Stanley à Shaw.

— Cette viande-là un rôti! Bonne pour les chiens! s'écria celui-ci avec la dernière insolence.

— Que dites-vous là?

— Je dis que c'est une honte, monsieur, une véritable honte que la manière dont vous nous traitez. Je dis que vous m'écrasez de fatigue, que nous pensions avoir des ânes et des serviteurs, et qu'au lieu de cela vous me faites marcher tous les jours, en plein soleil, jusqu'à me faire sentir que j'aimerais mieux être en enfer que dans cette expédition damnée! Et je voudrais que tous ceux qui en font partie fussent au diable! Voilà ce que je dis, monsieur.

Stanley, maître de lui, répondit avec calme:

— Écoutez-moi, Shaw, et vous aussi, Farquhar. Depuis notre départ jusqu'au moment où ils sont morts, vous avez eu des ânes pour vous porter. Les serviteurs ne vous ont pas manqué : on a dressé vos tentes, porté vos bagages, fait votre cuisine. Aujourd'hui, les ânes nous manquent, il m'a fallu jeter divers objets qui faisaient partie de leurs charges. C'est une perte, un souci pour moi. Et c'est en face de cet état de choses que vous osez vous plaindre d'être obligés de marcher! et que vous vous oubliez jusqu'à me maudire à ma propre table! Rappelez-vous que vous êtes ici en qualité de serviteurs; je ne suis pas votre compagnon.

— Au diable le......

Avant qu'il eût fini sa phrase, Shaw roulait par terre.

— Faut-il continuer la leçon? demanda Stanley.

— Monsieur, dit Shaw en se relevant, le mieux est que je m'en aille. Donnez-moi mon congé.

— Oh! certainement!

Stanley appela Bombay :

— Cet homme veut partir. Pliez sa tente, apportez-moi ses armes ; prenez ses effets et conduisez-le à deux cents mètres du camp où vous le laisserez partir avec ses bagages.

Et, se tournant vers Shaw :

— Allez, monsieur, vous êtes libre.

Quant à Farquhar, Stanley lui fit comprendre que, désirant hâter sa marche, devant franchir des régions désertes sans y faire halte, il serait plus sage pour lui, Farquhar qui se disait éreinté, de rester dans un endroit paisible, sous la protection d'un bon chef indigène, jusqu'au moment où passerait une caravane d'Arabes à laquelle il se joindrait pour gagner la côte.

Sur ces entrefaites, Bombay reparut pour dire à Stanley que Shaw désirait lui parler ; et ce dernier tout confus et plein de repentir, lui demanda pardon en l'assurant que désormais l'expédition n'aurait pas de serviteur plus dévoué que lui.

Stanley lui tendit la main :

—Camarade, oublions cela; il n'est pas de famille qui n'ait ses querelles; du moment que vous m'offrez vos excuses, tout est pardonné, soyez-en convaincu.

Le soir de ce même jour, au moment où Stanley commencait à dormir, un coup de feu retentit et une balle traversait sa tente de part en part à quelques pouces de sa couche. Il saisit ses revolvers, et se précipitant au dehors :

— Qui vient de tirer? demanda-t-il aux sentinelles.

Tout le monde était debout, très ému, et l'un des hommes répondit en montrant la tente de Shaw :

— C'est l'homme blanc qui est là.

Stanley alluma une bougie et entra dans la tente de son contre-maître.

— Est-ce vous qui avez tiré, Shaw?

Pas de réponse. L'homme paraissait dormir et affectait même de ronfler.

Stanley renouvela sa demande en le secouant :

— Moi? fit l'autre en s'éveillant, moi? mais je dormais!

Stanley allait se retirer quand ses yeux tombèrent sur la carabine de Shaw; il prit l'arme : le canon était chaud; il y introduisit le petit doigt et l'en retira noirci par la poudre.

— Qu'est-ce cela? fit-il, Shaw, les hommes disent que c'est vous qui avez tiré !

— Ah!..... oui. Je me rappelle.... J'ai rêvé qu'un voleur passait là, à la porte, et j'ai tiré, c'est vrai; mais après? quel mal ai-je fait? qu'y a-t-il?

— Rien, répliqua Stanley. Seulement, je vous conseille à l'avenir, pour éviter les soupçons, de ne pas tirer dans ma tente ni dans mon voisinage, car je pourrais être blessé et les conséquences en seraient mauvaises pour vous. Bonsoir.

Il ne fut plus question de l'incident. Seulement, à quelques jours de là, Stanley fut obligé de se séparer de Farquhar qui était malade, hypocondre et incapable, en un mot, de poursuivre sa route. Il le laissa dans un des nombreux villages du district du Mpwapwa, où la nourriture était abondante, l'air pur et vivifiant, et où son auxiliaire avait la chance de voir arriver quelque jour une caravane descendante qui le ramènerait à la côte. Mais quand il s'agit de laisser une petite escorte à Farquhar, aucun des noirs de l'expédition ne voulut en faire partie : le malheureux avait été si dur, si barbare envers les noirs, si inhumain et si méchant, qu'il ne trouva personne pour compatir à son mal et pour le soigner. Il fallut que Stanley usât de son autorité, et ordonnât au cuisinier Jako de demeurer avec l'homme blanc jusqu'à complète guérison ; de plus, il lui laissa d'amples provisions de toutes sortes.

Peines superflues. Quelques mois plus tard, Stanley apprit que Farquhar avait succombé, ce dont il ne fut pas surpris : « Les ivrognes et les débauchés, disait Livingstone, ne peuvent pas vivre dans l'Afrique centrale. »

Quant à l'autre, il le traîna avec lui jusqu'à Taborah, sans en retirer désormais aucun service; là, Shaw voulut absolument retourner en arrière malgré les supplications de Stanley qui lui prouvait que c'était courir au trépas; et, en effet, l'infortuné mourut peu de temps après avoir quitté son chef.

C'est donc livré à ses seules forces, à l'aide de sa volonté et de son courage personnels que Stanley parvint à mener à bien, malgré les difficultés et les mécomptes, la périlleuse entreprise à laquelle il s'était si vaillamment attaché.

CHAPITRE III

Mirambo ! — Un empire nègre. — Guerre déclarée. — Prise de Zimbiso. — Revanche de Mirambo. — La déroute.

L'incident capital qui marqua ce premier voyage de Stanley en Afrique et qui faillit, du reste, compromettre le succès de son expédition et lui coûter la vie, ce fut la part active qu'il crut devoir prendre à la guerre que les Arabes de Taborah déclarèrent au fameux empereur de l'Ounyamouési, à Mirambo.

Mirambo ! Ce nom retentit en Afrique comme une sonnerie de clairon. Il fait frémir l'Arabe dans son tembé et frissonner d'orgueil l'humble nègre sous sa hutte. Mirambo ! pour nous qui avons suivi cette route semée de cadavres qui va de Zanzibar aux Grands Lacs, ce nom évoque toute une série de hauts faits, de hauts crimes où le courage, l'intelligence et l'astuce se le disputent avec la plus sinistre cruauté.

Le premier conquérant fut un soldat heureux, dit-on ; Mirambo a fait mentir l'adage, il n'a été qu'un audacieux coquin: de chef de caravane devenu voleur, il se fit bandit ; de là à être empereur nègre, il n'y avait qu'un pas ; il le franchit ; et, de pillages en assassinats, on le vit escalader tour à tour les divers échelons de la richesse, du pouvoir et de la grandeur.

J'ai dit qu'il débuta comme chef de caravane : en effet, il dirigeait une de ces grandes colonnes d'esclaves que les Arabes envoient deux fois l'an à la côte pour y convoyer leur ivoire et rapporter en échange des marchandises européennes ; or, un beau jour, revenant de Zanzibar à la tête d'un riche convoi, Mirambo, pris de vertige de devenir maître à son tour, trouva ingénieux de s'approprier ces biens dont il avait la garde; suivi des porteurs qu'il détourna de leurs devoirs, il se fit chef de bande dans la forêt.

Pendant les premiers temps, il vécut de rapines, bornant son ambition à détrousser les caravanes ; puis, le nombre de ses compagnons s'étant accru, il tomba sur les villages voisins, saccagea la contrée et pilla tout ce qui s'offrait à ses appétits. Cependant, doué d'une intelligence remarquable, il sut organiser ses vols et ses déprédations de telle sorte que bientôt ses méfaits revêtirent l'aspect de véritables conquêtes; des peuplades entières se rangèrent à sa loi, lui payèrent tribut, lui fournirent des guerriers, si bien qu'en fin de compte, il asservit tout le pays de l'Ounyamouési dont il se fit proclamer empereur.

Ce fut une de ces fortunes rapides, brillantes comme la flambée d'une traînée de poudre; mais elle s'affermit, se consolida, et bientôt le pouvoir du jeune chef fut reconnu par tous les souverains d'alentour. Ce n'était pas un Bonaparte africain, comme l'a qualifié Stanley, mais plutôt un Attila : tel le farouche roi des Huns se précipitait comme un ouragan sur l'Europe civilisée, détruisant, broyant tout sous les larges pieds de ses hordes tudesques, tel on vit Mirambo, à la tête de ses Rougas-Rougas, se lancer à la poursuite des caravanes, leur donner la chasse, les traquer, les disperser, les piller, détruire les établissements des Arabes, ses premiers maîtres, et ne pas même reculer à s'attaquer aux Européens qu'il fit assassiner avec la plus cruelle perfidie. Attila répétait que l'herbe ne pouvait plus croître où son cheval avait passé; les légions de Mirambo, alors qu'elles sont sur le sentier de la guerre, ne laissent derrière elles que cadavres, ruines et monceaux de cendres. Et pour endiguer ce flot barbare, il n'y a point de *champs catalauniques*.

Cet empire date de 1870. C'est à cette époque, qu'enivré de ses premiers succès, Mirambo jeta les fondements de sa capitale Thierra-Magazy. Elle a une sinistre histoire, cette ville dont en langue kinyamouési le nom signifie *terre de sang*; on rapporte, en effet, que, pour s'attirer les faveurs d'En-Haut, le cruel souverain fit égorger douze femmes et douze hommes dont les corps furent enterrés sous les principales demeures, tandis que de leur sang on arrosa le sol de la cité nouvelle; par là, Mirambo entendait mettre ses Etats sous la protection du génie sanguinaire qui jusqu'alors avait si heureusement présidé à ses funestes exploits.

Etrange organisation que celle de cet empire ! Il semble qu'un être supérieur à la race nègre en ait jeté les fondements, s'inspirant à la fois et de la grandeur militaire et de la barbarie la plus sauvage.

En temps de paix, nul vestige d'armée, point d'apparat : chacun cultive, chasse, s'occupe comme il l'entend et, tant bien que mal, gagne sa subsistance sans faire tort au voisin. Que si, toutefois, les récoltes rendent mal, si une calamité entrave les efforts du travail et compromet les nécessités de la vie, à ses sujets qui se plaignent de n'avoir rien à manger, Mirambo répond avec colère :

— Eh quoi ! mes partisans sont-ils donc devenus des femmes ? Et depuis quand celui qui sait tenir une arme ose-t-il se plaindre de mourir de faim ? Vous manquez de vivres, dites-vous ? Mais la forêt n'est-elle pas là ? Et chaque jour n'y passet-il point des caravanes ? Si vous êtes des hommes, vous trouverez là votre subsistance. Allez !

Bondissant sous le sarcasme de son chef, le Rouga-Rouga reparaît alors ; tapi au coin du fourré, le fusil en arrêt, il guette les porteurs à l'heure où, fatigués par une longue marche, ils s'en vont à la débandade en se traînant péniblement le long du sentier ; l'attaque sera isolée, elle portera sur plusieurs points à la fois, et l'ennemi s'emparera des charges de ceux qui tomberont vaincus ou qui, pour mieux fuir, auront jeté leurs fardeaux au premier coup de feu. Cet exploit achevé, le Rouga-Rouga rentrera dans ses foyers après avoir remis à Mirambo la grosse part de la curée.

Mais quand gronde la guerre pour la défense du pays, pour la conquête ou pour la vengeance, alors, ce n'est plus d'une bande isolée qu'il s'agit, c'est tout un peuple qui se lève. A peine le son prolongé de la trompe a-t-il donné l'alarme, que partout retentit le signal des combats; on dirait d'une traînée de feu dans un champ de blé mûr. Chacun est averti et chacun court aux armes; on jette là pioches et cognées pour saisir des fusils: sur les têtes se dressent les coiffures guerrières, diadèmes de plumes et d'oripeaux. C'en est fait: le peuple pasteur, le peuple agriculteur s'est transformé en une légion de Rougas-Rougas.

Car Mirambo, législateur et guerrier, a décrété le service obligatoire dans ses Etats; pour s'en libérer, il faut ou avoir fait une action d'éclat ou avoir rendu au pays un service éminent; dans ces deux cas, Mirambo permet au vaillant soldat de prendre femme, il l'exempte de toute corvée, lui accorde des esclaves et lui donne des terres. Son armée n'est donc composée que de célibataires ardents et fanatiques qui courent avec fureur aux dangers, à la mort, pour conquérir par leur bravoure le droit de se marier, d'être riches et de vivre libres. Aussi, à l'instar des Zoulous, les Rougas-Rougas de Mirambo sont-ils justement redoutés.

Et c'est pourtant à ce colosse nègre que Stanley, encore un peu inexpérimenté de la chose africaine, allait imprudemment s'attaquer.

Lorsqu'il arriva à Taborah, il trouva le pays dans le plus grand émoi : réunis en conseil suprême les Arabes, maîtres de cette contrée dont ils ont fait un centre important de leur trafic, venaient de déclarer la guerre à Mirambo, le voisinage de ce remuant monarque devenant de jour en jour plus menaçant pour eux; ils s'efforcèrent d'entraîner Stanley dans une alliance offensive, et, cédant à leurs instances, pensant faciliter de la sorte sa marche vers le lac Tanganika, le voyageur européen accorda son concours et l'appoint de ses hommes.

Le 29 juillet au matin, sa caravane entière se mettait en marche de bataille; en tête de la colonne flottait le drapeau des Etats-Unis qui allait, assurait-on, frapper l'ennemi de terreur; les forces arabes, réunies à celles de Stanley, formaient un effectif de 2,255 hommes, dont 1,500 avaient des armes à feu; presque tous portaient non seulement des lances mais de grands couteaux qui devaient servir à décapiter les morts et à les mutiler; enfin, les munitions étaient copieuses : certains hommes en avaient pour cent coups; tous ceux de Stanley en possédaient pour soixante.

Quant à l'animation qui régnait dans les rangs des combattants, c'était plus que de l'enthousiasme, c'était un véritable délire guerrier.

Le 3 août, les deux corps d'armée firent

leur jonction, et la colonne s'ébranla au son des trompes, au roulement de cinquante *gomas* ou grosses caisses, avec autant de bannières qu'elle comptait de chefs, accompagnée des bénédictions des mollahs et comblée d'heureux augures de la part des magiciens, des astrologues et des divinateurs du Coran.

Le lendemain matin, les guerriers se barbouillaient d'un onguent magique, fait à leur intention par les sages du lieu, et composé de farine de sorgho, mêlé aux sucs d'une herbe précieuse dont les devins indigènes connaissent seuls les vertus; et vers six heures, tout le monde étant prêt, le commandant en chef, un superbe nègre croisé d'Arabe, harangua fièrement les troupes :

— Ecoutez, écoutez! Enfants de l'Ounyanyembé, écoutez! La route est devant vous, les bandits vous attendent là-bas, les bandits de la forêt. Ce sont eux qui arrêtent les caravanes et qui les pillent ; ils prennent votre ivoire, ils emmènent vos femmes, ils vous tuent quand vous résistez. Mais regardez aujourd'hui avec fierté autour de vous ; pour vous seconder dans la lutte, vous avez l'appui du sultan de Zanzibar, vous avez l'homme blanc et son drapeau magique, vous avez les Arabes! Allez et combattez ! Tuez l'ennemi! Prenez ses esclaves, ses richesses, ses provisions, son bétail ! Tuez et mangez! Tuez et remplissez-vous ! Allez ! Partez !

Un cri sauvage accueillit ces paroles ; l'enceinte du village où l'on était campé s'ouvrit aussitôt, et les guerriers s'élancèrent en bondissant comme des gymnastes, tirant des coups de feu, et préludant au vrai combat par des simulacres qui devaient les entraîner et leur donner du cœur.

Bientôt on fut en vue de Zimbiso où

Mirambo avait massé des troupes et l'engagement commença.

Rien de plus risible que la vue de ces tirailleurs nègres sautant de côté et d'autre, en avant, en arrière, avec la prestesse de grenouilles ! La bataille devenait pourtant sérieuse et le feu de l'ennemi s'étant modéré, Stanley et ses hommes se précipitèrent vers la forteresse, enfonçant les portes, escaladant la palissade, tandis que les pauvres habitants fuyaient vers la montagne, poursuivis par les coureurs les plus rapides et par les balles des carabines et des mousquets.

Le village de Zimbiso était bien fortifié : on n'y trouva pas plus de vingt morts tant les assiégés avaient été protégés contre le feu des troupes. Des forces suffisantes y furent laissées, et le gros de l'armée, avec Stanley et ses hommes, se remit en marche. Une heure après, deux autres villages étaient au pouvoir des assaillants, mis à sac et incendiés; des dents d'éléphant, des centaines d'esclaves, du grain en abondance, composèrent le butin.

Le lendemain, les Arabes se divisèrent en plusieurs corps qui devaient opérer simultanément sur des points différents aux environs de Zimbiso; Stanley pris de fièvre, demeura au quartier général, et se mit au lit, en défendant à ses hommes de prendre part à ces combats isolés; il ne fut pas écouté : profitant de son état pour lui désobéir, les deux tiers de sa bande partirent pour livrer bataille et surtout pour piller les villages voisins.

A six heures, une nouvelle écrasante arriva à Zimbiso : une colonne de cinq cents hommes commandés par les chefs les plus vaillants, avait été détruite, et tous les Arabes avaient succombé. C'était un vrai désastre qui se dessinait.

Voici ce qui s'était passé, et l'on comprendra par là la méthode de se battre des Rougas-Rougas de Mirambo.

Lorsque enivrés de leur succès de Zimbiso, les Arabes vinrent assiéger le village voisin, Vouilyankourou, ils envahirent cette place presque sans coup férir; pourtant, Mirambo s'y trouvait, mais, au lieu de soutenir le siège, il fit mine de déguerpir, et les vainqueurs ramassèrent un riche butin; deux à trois cents esclaves, cent dents d'éléphant, et une montagne d'étoffe et de perles.

Cependant, alors qu'on le croyait en fuite, Mirambo, était tout près de là avec ses guerriers, blottis dans les herbes des deux côtés de la route; et quand passèrent ses ennemis vainqueurs chargés de toutes ces choses et gorgés de victuailles, il tomba sur eux et les écrasa sans qu'ils pussent rien comprendre à cette attaque imprévue. Ce retour offensif d'un adversaire qu'on croyait tenir à merci frappa les hommes d'une telle panique que tous ceux qui ne furent pas tués jetèrent là armes et trésors, se dispersèrent dans les bois et regagnèrent Zimbiso par de longs détours.

L'effet de cette nouvelle fut foudroyant. Dans l'intérieur de la ville où se trouvait Stanley, il n'y eut pas moyen de dormir, tant les femmes pleuraient bruyamment leurs époux. Toute la nuit, on les entendit hurler des lamentations auxquelles se mêlaient de temps à autre, les gémissements des blessés qui avaient pu gagner le quartier général; jusqu'au matin il en arriva, et leurs récits lamentables ne faisaient qu'augmenter la terreur et jeter le désarroi dans le camp.

Le jour suivant, au lieu de s'entendre pour réparer leur échec, Arabes et indigènes s'accusèrent mutuellement d'avoir causé tout le mal; le conseil supérieur tint plusieurs séances dans lesquelles on parla de retraite; et le bruit de cette lâche décision se répandant au dehors, acheva de démoraliser les troupes.

En vain Stanley, cloué sur son lit, essaya-t-il de faire comprendre aux chefs combien ce parti était insensé, que c'était appeler Mirambo chez eux, qu'on ne bat pas en retraite au premier revers, que les forces dont on disposait étaient plus que suffisantes pour continuer brillamment la lutte; il ne fut pas écouté. Sans l'en avertir, tous ces vaillants guerriers s'enfuirent à tire d'aile avant même que l'approche de Mirambo n'eût été signalée. Stanley fut forcé de les imiter : terrassé par la fièvre, ne pouvant se tenir debout, il enfourcha son âne et se mit en route à son tour pour Taborah; ses gens ne cessaient de regarder derrière eux, croyant toujours avoir l'ennemi aux talons; finalement, ce fut un sauve-qui-peut général, et la retraite dégénéra en une lamentable déroute.

On comprend l'immense orgueil que ressentit Mirambo de ce succès : avoir vaincu l'homme blanc allié aux Arabes, n'était-ce pas, à vrai dire le plus beau triomphe que pouvait rêver cet empereur nègre, n'était-ce pas la plus puissante assise pour son royaume naissant ?

CHAPITRE IV

Une révolte. — A la veille d'être ruiné. — Marches nocturnes. — Le lac Tanganika. — Livingstone retrouvé. — Retour à la côte.

Au lieu de se rendre en droite ligne de Taborah au lac Tanganika, Stanley fut donc amené, par suite de ces événements, à faire un crochet vers le sud ; il prit la route de l'Oukonongo, de l'Oukaouendi et de l'Ouhha ; mais là, des difficultés nouvelles surgirent sous ses pas, car les pays qu'il eut à traverser étaient des plus barbares et très hostiles aux Européens ; de plus sur les rives du Gommbé, une révolte éclata parmi ses hommes.

On était au 7 octobre, et quand Stanley donna l'ordre ce jour-là de sonner la trompe du départ, ce fut d'un air maussade, avec des figures renfrognées que les hommes prirent leurs ballots; ils partirent néanmoins, bien qu'avec une répugnance manifeste; Stanley demeura à l'arrière-garde pour activer les retardataires et les traînards. Au bout d'une demi-heure, il vit la caravane au repos, les bagages à terre, et les hommes, réunis par groupes, s'entretenant et gesticulant d'un air irrité.

L'énergie de l'explorateur est connue; sans hésiter il enleva son fusil des mains de son porteur d'armes, y glissa deux charges de plomb, ajusta ses révolvers et marcha droit aux mutins; de leur côté, ses gens avaient saisi leurs armes, et deux d'entre eux dont les têtes se voyaient audessus d'une fourmilière, avaient le mousquet braqué. Stanley jeta son arme dans le creux de sa main gauche, et les tenant en joue, il les menaça de leur faire sauter la cervelle s'ils ne venaient à l'instant s'expliquer; devant cette attitude, ils s'avancèrent d'un pas oblique, en affectant de sourire, mais dans leur regard brillait le sombre feu du meurtre.

L'un d'eux s'étant glissé derrière Stanley, celui-ci se retournant vivement, lui mit le canon de son fusil à deux pieds de la figure; terrifié, le nègre laissa tomber son arme, et Stanley, le repoussant, l'envoya rouler à dix pas : puis, se tournant vers l'autre mutin, Asmani, un géant, il lui ordonna de désarmer et, en disant cela, son doigt pressait la détente de son rifle. Jamais homme n'avait été plus près de la mort; c'est que, bien qu'il soit répugnant de verser le sang, si le voyageur africain hésite un seul instant dans des moments de révolte, c'en est fait de son autorité.

Loin d'obéir, Asmani leva le bras pour épauler; son dernier moment était venu, lorsque soudain Mabrouki, l'ancien serviteur de Speke, s'étant glissé derrière le mutin, fit un bond et lui arracha son mousquet en s'écriant.

— Malheureux! tu oses viser ton maître!

Ce fut l'affaire d'un éclair; et, tandis que les deux hommes étaient à genoux devant Stanley en lui demandant grâce, la caravane tout entière, électrisée par l'énergie de l'homme blanc qui lui tenait tête, s'écriait :

— C'est fini! plus de querelle! Nous allons tous marcher, maître! Et nous irons au Grand Lac! Et nous retrouverons le vieux Monsoungou [1] que tu cherches!

L'enthousiasme succéda soudain à la mauvaise humeur; mais Stanley voulut néanmoins faire un exemple, et les révoltés furent mis à la chaîne; il leur rendit

[1] Homme blanc

la liberté plus loin, lorsqu'il fut convaincu de la sincérité de leur repentir.

Le 3 novembre, l'expédition croisa une caravane venant d'Oudjidji :

— Un homme blanc est là-bas, assurait-on.

Stanley tressaillit.

— Un homme blanc ?

— Oui.

— Comment est-il habillé ?

— Comme vous, maître.

— Est-il jeune ?

— Non, vieux, il a du poil blanc sur la figure.

Plus de doute, c'est Livingstone. Et pourtant !... si c'était un autre ?... Baker peut-être ?... mais Baker n'avait pas la barbe grise...

Que n'eût donné Stanley pour avoir un cheval ! Car hélas ! huit jours de marche le séparaient encore du lac, huit jours à travers un pays où il ne pouvait pas faire un pas sans laisser aux mains des moindres chefs le plus clair de ses dernières ressources. Il patienta deux jours encore, payant des tribus énormes pour pouvoir avancer ; mais enfin, le 5 novembre, après avoir examiné ce qui lui restait d'étoffe et mesuré les *hongos* vexatoires qu'il allait devoir encore payer, il comprit qu'il fallait prendre une résolution suprême, sous peine d'être ruiné avant que d'arriver au lac.

Mais que faire ? Essayer de traverser les villages sans payer d'impôt, c'était la lutte, le combat de chaque jour et de chaque heure, c'était s'exposer à être écrasé sous le nombre, à périr en vue du port.

Et cependant, tout compte fait, on n'avait plus de quoi continuer à se laisser exploiter de la sorte pendant les étapes qui restaient à franchir pour atteindre Oudjidji !

La providence apparut alors sous les

traits de deux nègres de la côte, esclaves en fuite probablement, qui exerçaient les métiers les plus divers dans l'Ouhha. Interrogés par Stanley sur le moyen d'éviter de payer les taxes vexatoires qu'imposaient les chefs du pays, nos hommes firent d'abord les étonnés et déclarèrent que c'était impossible. Finalement, pressés de questions, ils avouèrent qu'en marchant nuitamment, dans le plus grand silence, par des sentiers à eux connus, ils répondaient de mener la caravane à Oudjidji sans plus avoir à payer un seul mètre d'étoffe d'impôt.

Il fallait être dans la situation inextricable où se trouvait Stanley, pour se livrer de la sorte à deux indigènes qui pouvaient aisément le trahir et le faire tomber dans une embuscade; mais le dilemme était posé, il n'avait pas le choix, et avec son audace habituelle, le hardi voyageur accepta le marché : les guides demandaient pour salaire quarante mètres d'étoffe; à ce prix, ils s'engageaient sur leur tête à faire sortir l'expédition du village où elle se trouvait et à la conduire en quatre jours à Oudjidji sans plus avoir dorénavant aucun hongo à payer; mais ce, à deux conditions expresses : le départ sera nocturne et les gens de la caravane observeront le plus complet silence; il fallait, en un mot, d'abord quitter le village à l'insu des habitants eux-mêmes; en second lieu, contourner les districts voisins sans que personne pût s'en douter : une imprudence, un cri, un rien devait suffire pour ameuter en quelques instants tous les petits sultans frustrés; alors, ce serait l'écrasement final.

Ce soir-là, Stanley ne se coucha point. Un peu avant minuit, la lune commençant à paraître, ses gens quittèrent leur campement à pas de loup, par petits groupes de quatre à la fois; à trois heures, toute la bande était dehors sans avoir causé la moindre alarme.

A un coup de sifflet, signal convenu, les guides arrivèrent, et l'on se mit en marche vers le sud, longeant la rive droite du Kanengi; puis, on reprit la direction ouest, à travers la plaine herbue. De temps à autre d'épais nuages répandaient leur ombre sur cette immensité déserte; et, se joignant à ce silence de mort, l'obscurité donnait à la situation un caractère effrayant. Bientôt pourtant, se levant au sein des nuées, la lune déchira ses voiles, et, reine majestueuse, jeta sur la nature endormie son manteau argenté d'un éclat sans pareil.

Bien qu'ensanglantés par les herbes tranchantes, tous les hommes avançaient bravement, sans murmurer; enfin l'aurore parut avec ses sourires, ses heureux présages, et la petite troupe se cantonna sur les rives du Malagarazi pour ne reprendre la marche qu'à la nuit tombante.

On était là, heureux de se reposer, quand sur l'autre rive apparurent des indigènes chargés de sel; ils furent à tel point effrayés de trouver une caravane cachée en ces lieux, que, lâchant leurs fardeaux, ils s'enfuirent à toutes jambes. Leurs cris menaçant d'attirer les gens des villages voisins, Stanley fit à l'instant lever le camp, et l'on se remit en route pour ne s'arrêter que beaucoup plus loin dans une jungle épaisse où l'on passa des heures d'angoisses mortelles jusqu'à la nuit.

Lorsque la colonne s'ébranla de nouveau, un incident faillit tout gâter. On passait en silence autour d'un gros village quand, prise de terreur, la femme d'un des askaris, une tête faible, se mit à pousser des cris perçants; on se sentit trahi; déjà des porteurs affolés avaient jeté leurs fardeaux et s'apprêtaient à fuir, et la femme criait toujours, sans nul motif, par affolement.

— Faites la taire, ou nous sommes perdus, dit le guide à Stanley.

Elle n'en cria que plus fort.

Son mari, livide de colère, tira son sabre et demanda la permission de la tuer.

Un signe de Stanley, et elle était morte.

Il fallait agir pourtant, et vite. Arrêtant le bras du mari, Stanley, un fouet à la main, dit à la femme :

— Vous tairez-vous ?

— Non.

Il la frappa, puis renouvela sa question. Même réponse.

Il la frappa de nouveau ; ses cris augmentèrent ; les coups tombèrent drus comme grêle, plus vigoureux, plus pressés ; alors la folle s'arrêta. On la bâillonna pourtant, on lui attacha les mains ; les fuyards revinrent, et l'on se hâta de quitter ces lieux, le cœur serré, l'esprit en proie aux craintes les plus vives.

Quand le jour parut, on continua de marcher; les heures s'écoulaient, et l'on avançait sans fin ni cesse, franchissant les grandes vagues de terre, sous un soleil torride, s'arrêtant à peine quelques instants pour préparer une nourriture qu'on avalait en silence; les provisions diminuaient, elles allaient manquer, et l'on ne pouvait songer à rien acheter dans un de ces villages de l'Ouhha.

Le lendemain, 6 novembre, la caravane quitta sa retraite deux heures avant le jour et traversa une grande forêt dans la direction du nord-ouest; les chèvres avaient été muselées de peur que leurs bêlements ne vinssent à trahir la marche de la colonne. Ce jour-là, une méprise faillit encore tout compromettre. Au moment où le ciel commençait à blanchir, le guide, trouvant un grand sentier battu, se crut hors de l'Ouhha et jeta un cri de joie que tous les hommes répétèrent. Déjà l'on pressait le pas, l'on avançait avec vigueur, quand soudain apparut une bourgade ennemie. Le silence fut réclamé et la bande s'arrêta. De concert avec le guide, Stanley ordonna de tuer les chèvres, d'égorger les poulets et de traverser hardiment le village où tout sommeillait encore; cela fait, on devait se jeter dans la jungle. La colonne défila sans encombres, mais au moment où Stanley, resté à l'arrière-garde, franchissait le seuil du hameau, un indigène sortit de sa case et jeta un cri d'alarme; heureusement il ne fut pas entendu des porteurs, sans quoi la panique se fût mise dans leurs rangs et tous eussent certainement jeté bas leurs fardeaux; Stanley, croyant être poursuivi, fit activer la marche et se tint en arrière, prêt à arrêter les assaillants; mais par une chance providentielle, soit qu'ils eussent perdu du temps à s'armer, soit que la trace de la caravane fût effacée, les indigènes ne purent rejoindre la colonne; deux heures après, un ruisselet était passé, la frontière de l'Ouhha était franchie; on était dans l'Oukaranga. Des cris de joie folle saluèrent cet événement : on était sauvé.

A présent la route semblait facile, unie; on ne ressentait plus la fatigue. Et qu'importaient les obstacles qu'on avait rencontrés, les forêts, les montagnes, les fourrés épineux, les marais pestilentiels, les cris sinistres, les clameurs sauvages! C'était passé, tout cela. Un jour, un jour encore, et l'on allait atteindre le Grand Lac! Plus qu'une nuit à passer et Stanley allait voir l'homme à la barbe grise!

Le 10 novembre, deux cent trente-sixième journée depuis le départ de la côte, la caravane cheminait allègrement par une matinée radieuse; le temps était superbe, l'air frais et le ciel souriant; les bois profonds semblaient avoir revêtu leur plus beau vert; l'eau du Moukti, se précipitant sous la frange d'émeraude qui borde ses rives, semblait défier les marcheurs à la course par son bruyant murmure. Chacun était aussi pimpant, aussi heureux que le jour où l'on avait quitté Zanzibar, et cela paraissait vieux d'un siècle : on avait vu et subi tant de choses depuis!

La route suivit d'abord une colline fourrée de bambous, puis un ravin où grondait un petit torrent tumultueux; ensuite une autre colline, un sentier au flanc d'une rampe; encore deux heures de marche, et, au bout de cela, le guide a assuré que, du haut de cet escarpement qui cache l'horizon, on verra le lac! On presse le pas; la rude montée est gravie sans reprendre haleine, le sommet est gagné...

Enfin, là-bas, une lueur, un miroitement luit entre les arbres; en face, une chaîne de montagnes sombres : on dirait d'une muraille noire lavée d'azur; puis, au loin, l'immense nappe d'argent bruni, sous un vaste dais d'un bleu limpide; pour draperies, des monts audacieux; pour crépines, des forêts de palmiers.

Hourrah! Tanganika!

Et toute la bande gambade, rit, pleure de joie; et Stanley, debout, sous les plis de son drapeau déployé, se découvre et vers le ciel fait monter une prière de gratitude et de joie.

Ceux-là qui ont accompli de grandes choses connaissent ce sentiment profond qui inonde l'âme en face du succès conquis, et ce besoin d'en remercier Dieu.

A onze heures, après avoir gagné l'épais ruban de matétés qui borde la rive du Liouké, l'expédition arrivait au milieu des jardins d'Oudjidji, merveilles de végétation avec leurs gracieux palmiers, leurs carrés de légumes, et leurs habitations que bordent de frêles palissades de roseaux; quelques pas encore, et l'on est en vue du port.

Ainsi, la distance, les forêts, les montagnes, les épines qui ont meurtri les pieds, les plaines arides qui les ont brûlés, le ciel en feu, les marais, les déserts, la faim, la soif, la fièvre, tout a été vaincu! Le but est atteint.

— Kirangozi, cria Stanley, portez haut la bannière de l'homme blanc! Qu'à l'arrière-garde flotte le drapeau de Zanzibar. Serrez la file, et que les décharges continuent jusque devant la maison du vieux Mousoungou!

— Maître, répondit le guide, j'aperçois le docteur. Comme il semble souffrant et âgé!

Le cœur de Stanley battait à se rompre; que n'aurait-il donné pour se trouver dans un coin de désert où, en ce moment-là, sans être vu, il aurait pu se livrer à quelque folie : se mordre les mains, faire une culbute, fouetter les arbres, donner enfin libre carrière à la joie qui l'étouffait ! Mais comment laisser paraître son émotion? Livingstone est un Anglais, un homme froid et rigoriste peut-être; de quel front accueillera-t-il un nouveau venu qui lui est inconnu?

Tout en faisant ces réflexions, Stanley avançait lentement ; il vit alors Livingstone et sa pâleur le frappa; il aurait voulu courir à lui et l'embrasser; il se contint et, s'approchant son chapeau à la main :

— Le docteur Livingstone, je présume? fit-il.

— Oui, répondit le vieillard en soulevant sa casquette.

— Je bénis Dieu qui m'a permis de vous rencontrer.

— Et moi, je suis bien heureux de vous recevoir.

La glace était rompue, et dès lors un phénomène étrange se dessina : jusqu'au moment où il était entré en rapports intimes avec Livingstone, Stanley n'avait pour celui-ci aucune affection ; il ne voyait en lui qu'un but, un article de journal, un sujet à offrir aux affamés de nouvelles, un homme enfin qu'il cherchait par devoir, par métier, et contre lequel il avait une défiance instinctive, car on dépeignait Livingstone comme un affreux misanthrope. Mais quand il l'eut vu et écouté, quand ce vieillard, presque un martyr, lui eut fait le récit de ses misères, de ses déceptions, de ses angoisses, le sceptique reporter se sentit attiré vers cet homme illustre ; et lui qui avait parcouru les champs de bataille, vu des révoltes, des guerres civiles, des massacres ; lui qui s'était tenu sans broncher auprès des suppliciés pour noter leurs convulsions dernières et leurs derniers soupirs, Stanley fut ému, et il s'attacha à Livingstone par les liens d'une affection réelle que depuis l'on retrouve dans presque tous ses récits et ses actes.

C'est en compagnie de Livingstone qu'il explora la côte nord-ouest du lac Tanganika dont aucune description ne peut rendre les merveilleuses beautés. Pour fond de tableau, une rangée de montagnes revêtues d'une herbe d'un vert éclatant d'où s'élèvent de grands bois ; cette muraille de granit plonge ses flancs abrupts jusqu'au fond du lac où elle projette des promontoires ; à chacune de ses pointes, ce sont de nouvelles surprises, dans chacun de ses plis on découvre un ravissant tableau, des bouquets d'arbres couronnés de fleurs d'où s'exhalent des senteurs d'une suavité indicible. Les contours de ce lac magnifique sont d'une variété infinie : ils forment des pyramides, des cônes tronqués, des tables rases, des toits pareils à ceux des églises, des coupes unies et gracieuses, des crêtes déchiquetées et sauvages, scènes changeantes, à la fois élégantes et grandioses qui arrachent des cris d'admiration. Puis ce sont des hameaux de pêcheurs enfouis dans des bosquets de palmiers, de bananiers, de figuiers du Bengale et de mimosas, bosquets entourés eux-mêmes de jardins et de petits champs de maïs dont les épis luxuriants regardent l'eau transparente où se mirent les cimes qui leur servent d'abri contre la tempête. Partout des pirogues nageant joyeusement au long du ressac ; deçà et delà, couchés indolemment sur la grève, des pêcheurs tout nus suivent de l'œil les canots qui glissent devant eux ; des enfants s'ébattent dans l'eau, sans crainte des crocodiles qui, du reste, ne sont communs qu'à l'embouchure des rivières un peu importantes.

C'est au cours de ces explorations qu'il fit avec Livingstone que Stanley conçut le projet de son grand voyage à travers l'Afrique, voyage qui lui fit découvrir le Congo et qui mit plus tard l'apogée à sa gloire; il recueillit de la bouche du vieil explorateur de précieuses indications à cet égard, car les Arabes, au milieu de qui vivait Livingstone lui avaient maintes fois déjà signalé cette grande artère fluviale qui traverse l'Afrique équatoriale et dont aucun Européen n'avait encore révélé l'existence.

Un instant aussi Stanley espéra que, sollicité par lui, Livingstone consentirait à revenir en Europe où on l'attendait avec tant d'impatience; mais à toutes ses instances le vieillard opposait la même réponse :

« Je serais assurément bien heureux, oh ! oui, de revoir mes enfants, ma famille et mes amis; mais il faut auparavant que j'achève ma tâche, il faut que je détermine les sources du Nil. »

Toutefois il se décida à accompagner Stanley jusqu'à l'Ounyanyembé pour y prendre les objets que le consul anglais lui avait envoyés; c'est là, à Taborah, qu'ils se quittèrent, Livingstone pour reprendre la série de ses découvertes, Stanley pour retourner en Europe et y apporter avec les lettres de Livingstone la grande nouvelle qu'il avait retrouvé le grand explorateur sain et sauf au centre de l'Afrique.

CHAPITRE V

Livingstone mort. — Seconde expédition de Stanley. — Sa caravane. — L'Ougogo et ses hongos. — Combats dans l'Itourou. — Le lac Victoria Nyanza.

La réussite de cette expédition allait avoir les plus grandes conséquences ; elle détermina d'abord un courant d'idées très accentué vers les explorations africaines : on mesura mieux l'ignorance extrême où l'on se trouvait à l'égard de ces contrées, on se passionna davantage pour cet inconnu dont un voile venait d'être brusquement déchiré, et partout l'on vit alors surgir des champions prêts à s'aventurer sur les traces de Stanley. C'est ainsi que d'Angleterre partit l'expédition Cameron avant même que Stanley ne fût de retour ; cette mission, dont le but était de secourir Livingstone et Stanley, n'eut pas de suites, car on connut le sort des deux voyageurs alors que Cameron n'était qu'à peu de journées de Zanzibar; celui-ci voulut néanmoins poursuivre sa traversée de l'Afrique; mais, moins heureux que Stanley, il bifurqua vers le sud, ce qui l'empêcha de découvrir le Congo. C'est au cours de ce voyage que Cameron rencontra près de Taborah les serviteurs de Livingstone ramenant à la côte le corps du grand explorateur, mort sur les rives du lac Bemmba, au seuil de la région mystérieuse qu'il voulait explorer; ses fidèles domestiques nègres ayant pieusement conservé sa dépouille dans du sel, la rapportèrent à Zanzibar où elle fut embarquée pour l'Angleterre; aujourd'hui le modeste explorateur africain repose à Westminster dans le tombeau des rois d'Angleterre, et côte à côte avec eux.

Stanley n'était pas homme à laisser inachevée l'œuvre dont Livingstone semblait avoir emporté le secret dans la tombe ; de ses entretiens avec lui, des explorations qu'ils firent en commun lorsqu'il le retrouva à Oudjidji, il avait retiré cette conviction : le débouché du Tanganika est encore à trouver ; le péryple du lac Victoria reste à compléter ; d'où, les sources du Nil sont toujours inconnues. C'était plus qu'il n'en fallait pour tenter un homme tel que lui.

Aussi, à son retour de la guerre des Achantis où il était allé assister à la prise de Coumassie par les Anglais, au moment même où l'Angleterre rendait à Livingstone mort les honneurs suprêmes, Stanley résolut de repartir pour l'Afrique centrale ; pour cela, il fallait des ressources considérables ; il les trouva sur-le-champ : le même Gordon Bennett du *New-York Herald*, et le directeur du *Daily Telegrah*, fournirent en commun les fonds nécessaires pour mettre Stanley à même de compléter les travaux de ses devanciers ; grâce à leur intelligente et généreuse initiative, le monde géographique allait être doté de la plus grande découverte qui ait été faite depuis longtemps, la découverte du Congo.

C'est le 21 septembre 1874 que nous retrouvons Stanley à Zanzibar, préparant sa grande expédition à travers le continent mystérieux ; et le 17 novembre, tout étant terminé, il quittait la côte avec trois Européens, les deux frères Pocock et Frédérick Barker, à la tête de trois cent soixante-six porteurs et soldats nègres. Cette imposante caravane se développait sur une ligne de près d'un kilomètre, et les charges des hommes avaient été si bien proportionnées à l'âge, aux forces et au caractère de chacun, que c'était plaisir de voir l'ordre parfait qui régnait dans la marche de la colonne : l'homme vigoureux et bien musclé portait un ballot d'étoffe de 27 kilos, l'homme court et trapu un sac de perles de 22 kilos, le jeune homme de dix-huit à vingt ans une caisse de 20 kilos renfermant des conserves ou des munitions ; aux hommes graves et réfléchis furent distribués les instruments précieux, les objets fragiles : thermomètres, baromètres, montres, sextants, mercure, boussole, pédomètres, appareils photographiques ; au marcheur le plus connu pour la fermeté, la sûreté, la régularité de son pas, était confié le transport des trois chronomètres enveloppés de coton et enfermés dans une caisse ne pesant pas plus de 11 kilos. Douze Kirangozis ou guides, parés du manteau écarlate, insigne de leur charge, convoyaient le fil de laiton. Venaient ensuite les hommes chargés du transport du bateau « *le Lady Alice* », hercules pour la stature et pour la force ; à chacune des six sections, car le bateau était démonté, étaient attachés quatre hommes qui se relayaient deux par deux ; leur solde était plus élevée que celle des chefs eux-mêmes, ils recevaient double ration, et avaient le privilège de pouvoir emmener leurs femmes. Il y avait de la sorte dans la caravane trente-six femmes et six jeunes garçons qui suivaient leurs mères et qui portaient chacun leur petite charge d'ustensiles de ménage ; il naquit même plusieurs bébés noirs au cours du voyage, et déjà ils marchaient tout seuls quand on arriva au port final.

La première partie de l'itinéraire fut très dure, bien que l'on eut à parcourir une route généralement suivie par les caravanes ; mais à la saison des pluies, à la *masika*, qui surprit l'expédition au bout d'un mois de marche, vint se joindre la famine qui régnait dans l'Ougogo ; les voyageurs furent souvent réduits à ne pas même trouver du grain dans les villages qu'ils rencontraient; aussi, dès le 17 janvier, un Européen succombait déjà : Edouard Pocock mourut à Tchivouyou, dans l'Ougogo, laissant son frère Frank en proie au plus violent désespoir et Stanley lui-même dans un profond chagrin.

L'Ougogo ! Il faut avoir tâté de l'Afrique centrale pour bien comprendre ce que ce mot renferme de vexations, de difficultés, de ruineuses dépenses, de dangers et d'ennuis ! Je prends la caravane au moment où elle arrive en vue d'un village de ce pays où fleurit le hongo : la fatigue est générale, on a fourni une longue traite au milieu des *porrys* et des plaines sablonneuses, les gosiers sont desséchés, les poitrines haletantes; plus de chants, de babils si chers au nègre en marche; on n'entend que la respiration sifflante des porteurs et, de temps à autre, une plainte arrachée par la fatigue ou par la soif. N'importe, on avance, on se presse : le village est en vue et l'on y trouvera des vivres et du repos.

Déception amère! A peine le camp est-il établi qu'arrive une troupe de Vouagogo armés qui, de l'ordre du chef, vous invitent à transporter vos pénates dans un endroit désigné à cet effet; on a beau protester, rien n'y fait; il faut obéir : on dirait d'un clan de Bohémiens que la police fait déguerpir et parque dans quelque terrain vague. Quant à l'Européen, s'il veut s'en tirer avec intelligence et honneur, il imposera silence à sa colère et rongera son frein sans paraître même vexé.

Une fois installé, chacun n'a qu'une pensée, c'est d'étancher sa soif, et l'on court au puits le plus proche au fond duquel grouille un liquide boueux, résidu des pluies dernières. Mais à ce moment-là, d'autres guerriers accourent irrités, et s'opposent à ce qu'une seule goutte d'eau soit puisée avant que le Sultan du lieu en ait donné l'autorisation et fixé lui-même le prix de cette faveur.

C'est l'impôt sur la soif!

Il faut retourner au camp, ouvrir des ballots, en extraire des étoffes, les envoyer au chef, lequel vous les retourne, — c'est fatal, — jugeant le présent trop mince; on entame alors d'interminables palabres : c'est une procession continue de délégués entre les tentes des Européens et le tembé du souverain à qui l'on porte chaque fois de nouvelles offrandes, mais dont les exigences vont sans cesse croissant; on parlemente, on discute, on s'efforce d'être persuasif et gracieux tandis qu'une soif ardente vous dévore et que la colère vous étouffe. Bref, après des pourparlers sans fin, on tombe d'accord, et la caravane est autorisée à prendre de l'eau, mais à un puits indiqué et seulement après une certaine heure du jour, quand au préalable les troupeaux de l'endroit y auront une fois encore bu tout leur saoul.

Et ce n'est là que le début des tortures réservées au voyageur; il lui reste à endurer après cela le hongo, cet impôt de passage que perçoivent les chefs les plus minuscules du pays. Car l'Ougogo représente une série de petites chefferies indépendantes les unes des autres, et chacune choisit dans son sein un sultan dont les pouvoirs sont très limités, mais dont l'obligation absolue est d'imposer le plus durement possible les caravanes. Cela a deux buts : d'abord, de procurer au chef et aux guerriers un joli revenu; ensuite de faire séjourner les voyageurs le plus longtemps possible dans chaque village afin de leur vendre les produits du pays;

en somme, on est retenu plus d'un mois dans cette inhospitalière région que, sans ces entraves, on franchirait aisément en dix étapes.

Quant à la résistance, elle est matériellement impossible. Le Mgogo a même ceci de louable dans le caractère : seul parmi les peuples africains que, pour ma part, j'ai rencontrés, il a très haut placé le sentiment de la solidarité en ce qui touche aux intérêts généraux de son pays. Que si, poussé à bout, le voyageur avait l'audace de résister aux exigences des chefs et, usant de la force, parvenait à traverser une ou deux localités sans payer le hongo, bientôt des cris stridents répétés au loin avertiront les peuplades voisines de l'approche d'un danger; et toutes alors, liguées dans un suprême effort, écraseront aisément sous le nombre l'étranger qui les aura bravées.

Stanley, qui connaissait ce peuple pour

l'avoir visité à son premier voyage, ne s'exposa point à pareille mésaventure; malgré la colère qui en maintes circonstances gronda en lui, il sut se contenir et traversa l'Ougogo sans tirer un seul coup de fusil.

Le premier combat qu'il livra eut lieu dans l'Itourou, vaste contrée située au nord-ouest de l'Ougogo. Depuis son entrée sur ce territoire, Stanley s'était aperçu de la défiance des indigènes à son égard : tous ses efforts pour nouer avec eux des relations amicales ne triomphèrent pas de leur froideur, et ils en étaient arrivés à ne pas même daigner indiquer le chemin aux voyageurs.

Ce jour-là, l'expédition campait à proximité d'un village appelé Vinyata; Stanley, en proie à une profonde tristesse produite par les contrariétés de la route et l'énervement de la fièvre, faisait le relevé des pertes que l'on avait subies depuis le départ de la côte; plus de cent hommes manquaient déjà! Vingt étaient morts quatre-vingt-sept avaient déserté, et parmi ceux qui restaient il y en avait beaucoup de malades! Il en était là, lorsqu'on accourut lui apprendre que deux de ses porteurs, surpris par les indigènes, venaient d'être lâchement assassinés dans le village de Vinyata; en même temps, il vit s'approcher du camp une centaine d'indigènes armés de lances, d'arcs et de flèches, qui poussaient leur lugubre cri de guerre pareil au holement de la hulotte.

Stanley envoya deux askaris s'enquérir du motif de cette démonstration hostile, et apprenant que ses gens avaient dérobé du lait dans le village, voulant éviter toute effusion de sang, il se décida à indemniser les réclamants, bien que ceux-ci se fussent déjà vengés puisqu'ils avaient tué les deux voleurs; ce désir de paix fut interprété comme un aveu de frayeur ou de faiblesse, car au moment où ils allaient se retirer, les naturels furent rejoints par une seconde troupe de guerriers qui leur reprochèrent amèrement leur retraite et les décidèrent à marcher avec eux à l'assaut du camp de Stanley. Les arcs furent tendus et envoyèrent une grêle de flèches sur les voyageurs.

Stanley ordonna une charge qui fit d'abord reculer l'ennemi; puis il déploya ses troupes en tirailleurs, au grand ébahissement des assaillants; profitant de leur étonnement, l'explorateur fit une nouvelle tentative de paix et essaya de parlementer.

— Non, non, vous êtes des femmes et vous avez peur! répondirent les indigènes en ricanant et en envoyant de nouvelles bordées de flèches.

Cette fois, tout ménagement devenait

superflu ; Stanley fit aussitôt donner tout son monde, un engagement très vif eut lieu, et l'ennemi fut repoussé avec des pertes énormes ; ce qui ne l'empêcha pas, le lendemain, de reparaître à l'assaut du camp avec des troupes beaucoup plus considérables : il avait appelé les districts du Nord et de l'Est à prendre part à la lutte. Ce n'était plus une querelle vidée par un combat, c'était une guerre, c'est-à-dire le harcèlement incessant par des forces toujours croissantes jusqu'au moment où la faim rendrait toute résistance inutile : alors, ce serait un massacre sans pitié.

Stanley essaya d'abord d'organiser son monde en sept détachements afin de diviser la masse des assaillants ; cela ne réussit point : dès le début de l'engagement, son premier corps fut détruit tout entier jusqu'au dernier homme, le deuxième et le troisième perdirent la moitié de leur effectif, bref le désastre s'accentuait inévitable.

Alors, avec l'héroïsme du désespoir, Stanley rappela tous ses hommes pour tenter un effort suprême, chacun comprenant, du reste, que cette minute allait décider du salut commun; se mettant à leur tête, il les enleva dans un mouvement superbe, fit avec eux une trouée au milieu des assaillants qu'il culbuta, brûla plusieurs villages, et le fusil au poing, bataillant sans cesse, faisant tantôt des retours offensifs, tantôt des marches rapides, il parvint enfin, au bout de quelques journées de combats, à sortir de ce fatal pays d'Itourou, non sans pertes cruelles : l'expédition y avait laissé cinquante-trois hommes.

Stanley fit prendre alors une direction sensiblement plus au nord; et le 26 février, tandis que le gros de la colonne gravissait une longue rampe, des acclamations enthousiastes retentirent à l'avant-garde, tandis que Frank Pocock qui la commandait agitait son chapeau en criant :

— Un lac ! un lac !

En effet, à trois milles de distance, à quelque six cents pieds de la montagne, s'étendait une vaste plaine liquide que l'éclat du soleil transformait en une nappe d'argent.

C'était le lac Victoria Nyanza.

L'expédition se cantonna à Kaghéhyi où elle fut l'objet du plus bienveillant accueil de la part du chef indigène Kadouma ; mais Stanley avait hâte de poursuivre sa tâche : il voulait faire le péryple de ce lac fameux au sujet duquel les hypothèses les plus dissemblables avaient été formulées. En moins d'une semaine, son bateau, le *Lady Alice*, renforcé de manière à pouvoir affronter les colères du Victoria où soufflent d'effroyables tempêtes, fut prêt à partir; un approvisionnement de farine, de poisson sec, d'étoffe, de verroterie, de menus objets de toute espèce, formait sa cargaison; l'embarcation n'attendait plus que son équipage.

— Qui veut m'accompagner? demanda Stanley.

Silence de mort.

— Comment, mes amis, vous qui avez été si courageux jusqu'à présent, qui vous êtes si bien battus, qui m'avez fidèlement suivi, vous hésitez?

Même silence.

— Pas un de vous ne s'offre à venir avec moi? Pas même avec une solde double?

Toujours point de réponse.

— Pourtant, voyons, il faut que je parte. Me laisserez-vous aller seul?

— Non.

— Eh bien! alors, montrez-moi les braves qui consentent à accompagner leur maître.

Nouveau silence.

Alors, interrogés nominativement, les hommes finirent par déclarer qu'ils ne connaissaient rien à la navigation, que le lac était bien autrement périlleux que la mer et qu'ils avaient tous horriblement peur de l'eau.

En ce moment, le chef nègre de la caravane prit la parole :

— Maître, dit-il, laissez là ces questions ; ordonnez. Vos hommes sont des enfants et ils ne désobéiront pas. Si vous leur parlez en ami, aucun d'eux n'offrira ses services ; commandez, et ils vous suivront tous.

Ainsi fut fait. Stanley désigna dix hommes comme matelots plus un comme timonier, et confia à leur fidélité sa personne et sa fortune ; Frank Pocock et Frederick Barker devaient demeurer à Kaghéhyi avec le reste de la caravane jusqu'au retour du *Lady Alice* ; et le 8 mars

1875, le vaillant explorateur mettait à la voile sur le lac Victoria Nyanza où il allait se rencontrer avec le grand empereur de l'Ouganda, le puissant Mtésa, une des plus intéressantes figures de monarque africain.

CHAPITRE VI

Sur le lac Nyanza. — L'Ouganda, pays merveilleux. — L'empereur Mtésa et sa cour. — Le bourzah. — Les Amazones. — Etrange monarque. — Un héros français au Soudan.

Le ciel est sombre, l'eau est grise, les rochers sont nus et sourcilleux, la rive est morne et solitaire; les rameurs soupirent douloureusement : leur nage est celle d'hommes qui croient aller à une mort certaine; de temps à autre, ils attachent sur Stanley de longs regards, comme s'ils espéraient un ordre de retour.

Les nuits sont mauvaises : les roseaux, remplis de moustiques, dégagent des effluves marécageuses qui donnent

6.

la fièvre aux plus vigoureux; l'air est froid, tout est triste, mais Stanley garde l'espérance au cœur, et l'on poursuit la course en rasant toujours la rive.

Pendant trois semaines, ce fut une alerte continuelle ; à tout moment on se trouvait en vue soit de côtes inhospitalières dont les habitants manifestaient clairement leur intention de s'opposer à tout débarquement d'étrangers ; soit de canots montés par des nègres pirates en quête d'un mauvais coup à faire : chez les Vouavouma notamment, Stanley fut obligé de se servir de ses armes pour disperser les pirogues ennemies qui s'étaient lancées à sa poursuite.

Mais quand il arriva devant Oukafou, quel changement soudain ! Etait-ce bien l'Afrique centrale, ce pays où il rencontrait des gens aimables, pleins d'admiration pour les étrangers, tout à la fois hospitaliers, riches et puissants ?

— Amenez des bœufs, des moutons et des chèvres; apportez des pots de lait, de grandes jarres de maramba[1]; donnez vos meilleures bananes, afin que l'homme blanc et sa suite goûtent les douceurs de l'hospitalité ! L'homme blanc peut-il se présenter devant notre empereur le ventre vide? Voyez comme ses joues sont creuses ! Sachons lui témoigner notre cordialité !

Tel était le mot d'ordre des chefs de districts de ce pays enchanté. Et le *Lady Alice* voyait affluer à son bord les provisions les plus plantureuses; en même temps que d'amicales paroles de bienvenue saluaient le passage des voyageurs.

On était dans l'Ouganda le pays du puissant empereur Mtésa.

L'Afrique offre peu de scéneries plus

[1] Bière africaine.

agréables que celle de ces côtes; du bord de l'eau jusqu'au sommet des collines tout n'est que verdure de teintes diverses, fécondité et fraîcheur, gracieux contours relevés par le fier profil d'escarpements lointains et par une série de terrasses majestueuses qui vont rejoindre des pays inconnus. Le vert tendre des roseaux tranche vivement sur la sombre verdure des figuiers; au-dessus des frondaisons soyeuses des bananiers s'étend le feuillage pâle des tamariniers, tandis que sur les pentes, l'herbe nouvelle déploie son tapis d'émeraude; ici, les collines, se gonflant en dômes, entourent des dépressions remplies de bananiers; là-bas, elles dressent leurs flancs abruptes, jettent de hardis promontoires, et se reculent en une série de gradins qui se perdent à l'horizon; plus près, c'est la grève caillouteuse d'un village, ruban sinueux d'un gris clair qui court entre le gris foncé du lac et le vert brillant des bananeraies aux fruits d'or; on dirait d'un coin de l'Eden baigné par les flots bleus d'un lac enchanté.

L'empereur Mtésa avait bien fait les choses : au-devant de l'homme blanc, il avait dépêché un flottille de cinq canots commandée par un des hauts dignitaires de la cour, avec ordre de pourvoir l'expédition de tout ce dont elle aurait besoin, et de lui faire la conduite jusqu'à Oussavara, quartier général de chasse où le souverain séjournait à ce moment-là.

Le *Lady Alice* se trouvait encore à deux milles de la côte, que déjà toutes les hauteurs avoisinantes se couvraient d'une foule compacte accourue pour saluer l'hôte du roi; et, au moment où le bateau accosta la grève, un spectacle grandiose s'offrit aux yeux de Stanley : sur un terrain en pente douce étaient rangés en deux haies compactes plusieurs milliers de soldats, vêtus à l'instar des Zanzibarites, qui rendirent les honneurs à l'homme blanc ; des salves de mousqueterie furent tirées, les tambours, les timbales, les grosses caisses battirent la bienvenue, les drapeaux, les banderolles s'agitèrent joyeusement, et toute la foule des spectateurs se confondit en acclamations enthousiastes.

Devant cette pompe et ce déploiement de troupes, Stanley s'attendait à voir apparaître le roi Mtésa en personne; il n'en fut rien; l'intendant du palais, suivi des convoyeurs de provisions, arriva seul, et, s'agenouillant devant l'étranger :

— L'empereur, dit-il, envoie ses salams à l'homme blanc venu de si loin pour le visiter; il ne peut voir le visage d'un si grand ami avant que son hôte ait bien mangé et soit satisfait; c'est pourquoi il a dépêché son esclave avec ces quelques vivres; et à la neuvième heure du jour, quand son ami sera reposé, l'empereur l'enverra chercher pour le recevoir au bourzah.

Pendant qu'il achevait sa harangue, l'émissaire royal faisait amener devant Stanley quatorze bœufs gras, huit chèvres, huit moutons, cent régimes de bananes, trois douzaines de volailles, quatre jarres de lait, quatre corbeilles de patates, cinq cents épis de maïs vert, un panier de riz, vingt œufs frais et dix cruches de vin de banane; les voyageurs restaient confondus devant cette munificence impériale : leur arrivée dans l'Ouganda prenait le caractère merveilleux d'un conte de fée.

Quand l'expédition se fut bien restaurée, chacun se baigna, se brossa et s'habilla du mieux qu'il put pour l'audience royale, et à la neuvième heure du jour, deux pages se présentèrent pour inviter Stanley, de la part de l'empereur, à se rendre au bourzah; ces envoyés portaient la longue robe blanche de Zanzibar serrée autour des reins par une ceinture, et le manteau national qui, attaché sur l'épaule droite, tombe jusqu'aux pieds. Stanley les suivit, escorté de ses gens armés de fusils.

On gravit d'abord une éminence couverte de grandes huttes coniques, dont les toits seuls apparaissaient au-dessus de l'épais feuillage des bananiers et des clôtures de roseau; sur les flancs de cette colline, se déroulent de larges avenues en pente douce, au sol uni, bordées de palissades de cannes, derrière lesquelles sont groupées les demeures des indigènes, comme autant de points gris sur un océan de verdure. Vêtus de costumes pittoresques, les habitants se pressent dans les allées; sur les robes blanches inondées de lumière, le rouge et le brun des manteaux jettent une ombre harmonieuse; les bonjours s'échangent, les nouvelles se racontent, et tout ce peuple se porte en foule vers le palais qui est au haut de la colline.

L'empereur adore la pompe et le faste, et, comme lui, chacun de ses sujets en déploie autant que le lui permettent son rang et ses moyens; ainsi, Mtésa a toujours avec lui quarante tambours, vingt fifres, dix joueurs de guitare, des saltimbanques, des clowns, des nains, des albinos, des messagers, des courriers, tout un monde de pages, de courtisans, de solliciteurs, de gardes du corps, et deux porte-étendards qui l'accompagnent dans toutes ses sorties pour témoigner de sa majesté et de sa puissance; à l'instar de leur souverain, les chefs ont tous une suite aussi nombreuse que possible, leurs porte-fanions et leurs pages; il en est de même des autres sujets de l'empire, et il n'est jusqu'au paysan ou au vacher qui ne fasse trotter derrière lui un petit esclave, un enfant porteur de ses lances et son bouclier.

Tout à coup les voix s'arrêtent : un roulement prolongé de timbales annonce que le monarque vient de prendre place au bourzah ; les portes s'ouvrent, et le public composé de chefs, de soldats, de paysans, se précipite bruyamment à travers huit ou dix cours, vers la salle d'audience. Il faut bien l'avouer, dans cet empressement tumultueux se manifeste clairement le sentiment d'abjecte servilité qui caractérise les sujets d'un despote, et en dépit de leurs qualités, les gens de l'Ouganda sont loin d'en être exempts.

L'entrée de Stanley dans la cour est saluée par un vacarme formidable : mille instruments, plus étranges les uns que les autres, produisent les sons les plus discords, les plus assourdissants ; les gardes du corps de Mtésa présentent les armes ; le roi est là, debout à l'entrée de la salle : il serre chaleureusement la main de l'Européen, et le dirige lui-même à travers une haie de courtisans, au siège qui lui est réservé.

La pièce où se tient le bourzah est longue d'environ dix-huit mètres sur quatre à cinq de large; le plafond, surbaissé près de la porte, repose sur un double rang de piliers de bois qui partagent l'espace en trois parties : celle du milieu est inoccupée et conduit au siège royal ; celles de droite et de gauche sont remplies par les dignitaires et les principaux officiers ; à chaque pilier se tient un garde du corps, portant sous son manteau rouge une blouse noire et un pantalon blanc, l'un et l'autre à bande rouge, et pour coiffure un turban blanc garni de peau de singe ; tous ces gardes sont armés de fusils.

Le trône qui se trouve au fond de la nef centrale, est un siège de bois ayant la forme d'un fauteuil de bureau ; Mtésa va s'y asseoir, et, du geste, invite Stanley à prendre place à sa droite sur un tabouret de fer; toute la cour s'accroupit alors, qui sur des nattes, qui sur le sol. Les pieds du souverain reposent sur un coussin placé, ainsi que le fauteuil, sur une peau de léopard qui se déploie elle-même sur un tapis de Smyrne; devant le roi est couchée une dent d'éléphant supérieurement polie, et deux boîtes renfermant des fétiches; du côté droit du trône est une lance en cuivre du côté gauche une lance en acier, chacune tenue par un garde : ce sont les insignes de l'Ouganda; enfin, aux pieds de l'empereur, sont prosternés trois personnages : le vizir et deux secrétaires.

Mtésa a de la dignité et ne manque pas d'une certaine distinction naturelle; ses traits et sa peau unie, lisse, sans rides, sont ceux d'un jeune homme de trente à trente-cinq ans ; il a la tête rasée, couverte d'un fez ; ses pieds sont nus, mais à côté du coussin où ils reposent se trouvent des babouches turques, d'un rouge cramoisi qu'il chausse lorsqu'il se lève de son siège. La main droite du monarque tient fortement la poignée d'or d'un cimeterre arabe, la gauche est étendue sur le genou et rappelle l'attitude du Rhamsès de Thèbes ; de très grands yeux d'un vif éclat, toujours en mouvement et qui semblent embrasser tout d'un regard, distinguent seuls la figure impériale de celles de ses sujets; toutefois, la physionomie est plus mobile, elle passe plus rapidement d'un extrême à l'autre; au repos, elle est intelligente et digne. Une pensée désagréable ou mauvaise traverse-t-elle l'esprit du monarque, les coins des lèvres se contractent, les yeux grandissent et se projettent, les mains ont des mouvements nerveux ; alors toute la cour frémit et appréhende une explosion de fureur ; que si, au contraire, le contentement anime ses traits, alors les yeux reculent, reprennent leur dimension ordinaire, les lèvres se détendent et un rire sonore traverse la salle.

Mtésa attacha sur Stanley un long et curieux regard et s'enquit avec intérêt des motifs de son voyage ; le récit des merveilles de la civilisation le passionnait ; dès qu'une chose lui était dite sur ce sujet, il la traduisait immédiatement à ses femmes et à ses chefs, car son ambition, dont il ne se cache pas, est d'imiter autant que possible les coutumes des hommes blancs ; au demeurant, quatorze ans de règne avaient déjà rendu Mtésa un politique habile, trop expert peut-être dans l'art de dissimuler, mais possédant un caractère d'une grande originalité, beaucoup de courtoisie dans les paroles, et une générosité cordiale ; c'était un homme, en un mot, qui, par la puissance de sa nature et malgré le sentiment de son mérite et de sa force, comprenait les besoins, les désirs et la dignité d'autrui.

L'entrevue de Stanley ayant pris fin, l'empereur donna ordre d'introduire les ambassadeurs étrangers qui faisaient antichambre dans la nef centrale ; le premier était un envoyé de Mirambo, contre qui Mtésa avait l'intention d'envoyer une expédition de cinquante mille hommes ; le farouche conquérant de l'Ounyanyembé, le vainqueur de Zimbiso, faisait humblement déclarer par son envoyé qu'il n'avait aucun sujet de querelle avec l'Ouganda ; et, pour preuve de bonne amitié, il envoyait à son puissant voisin tout un attirail de riches présents.

Cependant Mtésa, au cours même de ce discours, avait affecté de parler négligemment de choses et d'autres avec ses chefs sans faire attention à l'orateur, quand tout à coup, tournant vers celui-ci des yeux chargés d'éclairs, et d'un ton décisif :

— Dis de ma part à Mirambo que je n'ai pas besoin de ses présents, mais qu'il me faut la tête de l'homme qui a tué mon chef Linnghiri, l'an dernier, sur la route de Zanzibar; sinon, je détruirai ses Etats, et il n'y restera pas un arbre. Va-t'en.

Un autre groupe se présente : ce sont des indigènes; leur roi est mort, ils désirent savoir qui doit lui succéder, et amènent à Mtésa les fils du défunt; l'empereur consulte ses dignitaires, fait son choix, et le nouveau chef prête aussitôt serment de vasselage entre ses mains.

En ce moment, apparaît une longue procession de femmes, les unes jeunes, les autres plus ou moins âgées; le monarque se lève, tout le monde suit son exemple. Ces dames, qui s'arrangent pour arriver à la cour au bon moment, sont les descendantes des aïeux de Mtésa, et par conséquent pupilles de l'empereur; elles s'avancent jusqu'au bord du tapis, et à chacune d'elles Mtésa adresse un mot aimable; puis, quand elles sont assises, il va se poser sur leurs genoux et les embrasse les unes après les autres.

Mais voici qu'un messager arrive des bords du Nil-Victoria et rapporte que Namioundjou, un principicule, vassal de l'Ouganda, a rompu son serment de fidélité et ouvert des négociations avec le roi d'Ounyoro.

A cette nouvelle, les yeux de Mtésa s'ouvrent démesurément et semblent jaillir de l'orbite :

— Tous mes guerriers sont-ils donc morts? s'écrie-t-il; n'ai-je plus ni chefs, ni soldats, ni peuple pour être traité de la sorte par un Namioundjou!

La réponse ne se fait pas attendre. Tous les grands dignitaires se lèvent, courent à l'entrée de la salle, saisissent leurs lances ou leurs cannes, et crient à l'empereur de regarder ses chefs et de les compter. Ils brandissent leurs armes avec des gestes si expressifs qu'un étranger pourrait croire qu'une révolution vient d'éclater.

— C'est bien, répond tranquillement Mtésa.

Sur quoi les assistants reportent leurs armes dehors et regagnent leurs sièges.

Mtésa jette les yeux autour de lui, et, d'une voix calme, appelle Maour-Ougongou.

Un jeune homme à l'œil ardent répond, s'élance et se prosterne.

— Va, lui dit l'empereur; prend cinq régiments et *avale* Namioundjou et son territoire.

Prompt comme l'éclair, Maour se redresse, saisit son bouclier, ses deux lances, prend l'attitude d'un héros antique, et d'une voix éclatante :

— Regardez-moi, clame-t-il. L'empereur l'ordonne. Namioundjou mourra; j'aurai sa dépouille; j'avalerai sa terre! Merci, merci, grand roi!!

L'empereur se lève, le tambour en chef exécute un long roulement; tout le monde est debout: chefs, courtisans, pages, étrangers, et, sans ajouter un mot, Mtésa se retire par une porte latérale.

Le bourzah est terminé.

Suivons cet étrange monarque à travers les cours nombreuses qu'il franchit à présent et qui semblent n'avoir d'autre but que d'isoler les bâtiments et dérouter l'étranger; le voici dans l'un des préaux, faisant manœuvrer ses Amazones et jouant au soldat avec ses favorites. Elles sont toutes avenantes, ces femmes-soldats, simplement brunes, avec de superbes poitrines virginales; mais ce qui frappe surtout, c'est la discipline qui règne dans cet étrange régiment; ces regards timides, et attentifs qu'elles jettent sur le jeune monarque pour deviner son moindre désir, témoignent de leur dévouement pour sa personne, et prouvent aussi que, pour lui plaire, elles ont assisté à d'autres combats qu'à des joûtes d'amour.

Dans une cour voisine, nous le retrouverons plus tard, faisant un léger repas de bananes mûres et de lait caillé; ou riant et babillant avec ses épouses préférées et avec ses filles assises en cercle autour de lui et qui, toutes, règlent leurs visages d'après l'humeur du despote. De là, suivi d'un page favori, il ira dans la case du trésor examiner les présents qu'il aura reçus des voyageurs; ou bien, avec son factotum, on le verra étudier quelque nouveauté, une charrette, une voiture, un navire, un bateau dont l'idée se sera pour un moment emparé de son esprit.

Tel est, brièvement esquissé, ce monarque intéressant qui régnait alors sur l'Ouganda, vaste et fertile empire dont la superficie dépasse 180,000 kilomètres carrés, et dont la population peut être évaluée à 2,800,000 habitants. Par leur position géographique, par leurs richesses et par la valeur de leur armée, ces territoires sont certainement appelés à jouer un rôle important dans la poussée des Européens et des Egyptiens en Afrique par la voie du Soudan.

Et, en effet, pendant le séjour de Stanley à la cour de Mtésa, une ambassade importante se présenta : elle était commandée par un Français, Linant de Bellefonds, membre de l'expédition de Gordon-Pacha, et avait pour but de négocier une alliance avec le puissant empereur de l'Ouganda. On était alors en 1875; et aujourd'hui, à douze ans de distance, ce même Etat nègre, bien que Mtésa soit mort, est encore l'arbitre de la destinée d'un lieutenant de Gordon, d'Emin-Pacha, au secours de qui s'est porté le même Stanley.

L'infortuné Linant de Bellefonds n'eut pas, hélas! un sort plus propice que Gordon : en revenant de chez Mtésa pour regagner Ismaïla, il eut à soutenir dans l'Ounyoro un combat acharné qui dura quatorze heures, contre ces mêmes indigènes qui bloquent aujourd'hui Emin-Pacha; il leur échappa; mais peu de temps après, chargé d'une nouvelle mission, il fut attaqué par les Baris qui cette fois le massacrèrent ainsi que les trente soldats de son escorte.

Ne l'oublions donc pas, cette terre du Soudan, qui fut le tombeau de Gordon et où se déroulent aujourd'hui les événements de la délivrance de son dernier lieutenant, a reçu pour premier baptême le sang d'un héros français, de Linant de Bellefonds!

CHAPITRE VII

Stanley à la recherche de ses compagnons. — Côtes inhospitalières. — La malédiction des gens de Bammbirch. — Plus de vivres ! — Retour à Kaghéhyri. — Une tombe.

Cependant Stanley n'oubliait pas les compagnons qu'il avait laissés à Kaghéhyi et il résolut de les aller chercher lui-même; à cette fin, il obtint de Mtésa la promesse qu'on lui fournirait les canots dont il aurait besoin ; le monarque délégua pour ce service un des chefs de sa marine, Magassa, avec ordre d'accompagner Stanley et de recruter le long de la côte, sur les territoires de l'Ouganda, les pirogues nécessaires pour ramener le personnel de l'expédition.

Le 16 avril, après avoir fait ses adieux à Mtésa en lui promettant de revenir bientôt avec ses compagnons, Stanley fit hisser le drapeau américain sur le *Lady Alice*, s'y embarqua avec ses hommes, et, saluée par des salves réitérées, l'expédition disparut sur les eaux du Nyanza, en route vers le sud.

L'explorateur avait été si bien reçu dans l'Ouganda, il avait eu tant de preuves de la générosité de Mtésa et de la crainte que l'empereur inspirait à tous les officiers de la cour, qu'il n'eut pas un instant de doute au sujet des embarcations qu'on lui avait promises ; toutefois, dès le second jour du voyage, ne voyant rien venir, il rappela à Magassa les injonctions qu'il avait reçues de son souverain.

Malheureusement, depuis qu'il n'était plus sous les yeux de Mtésa, Magassa n'était plus le même, et, de jour en jour, il se révélait tel qu'il était en réalité, un homme d'une nullité et d'une incapacité absolues; au lieu de s'occuper de ses devoirs, il folâtrait sur tous les points du débarquement, n'opposant aux reproches de Stanley que de vaines protestations de dévouement; mais de canots, point; et pourtant, comment songer à en obtenir plus tard quand on serait sorti des eaux de l'Ouganda?

Au bout de quelques jours, Magassa resta en arrière avec ses hommes, sous l'éternel prétexte de réquisitionner des embarcations; il devait en outre, rapporter des vivres, car l'expédition allait en manquer. Stanley, qui avait poursuivi sa marche, l'attendit en vain, les dernières provisions s'épuisèrent, et Magassa ne reparut point; ce soir-là, l'équipage du *Lady Alice* demeura à jeun, par une pluie battante, en face d'un pays absolument inconnu et que l'on avait signalé comme très hostile aux étrangers.

Rien de plus affreux que la situation de ces infortunés, sous un déluge formidable, au milieu des ténèbres ! Ah ! qu'ils étaient loin les jours de fêtes et de bombance que l'on venait de passer dans l'Ouganda ! Serrés les uns contre les autres, tête basse, les hommes étaient assis sur une sorte de plate-forme qu'ils avaient faite avec leurs rames et avec des planches posées sur les bancs; seul, dans sa cabine, ou plutôt sous son tendelet, Stanley prenait mentalement des notes sur les irrégularités du fourré qui bordait la rive; de temps à autre, il jetait un rapide coup d'œil sur la voûte obscure du ciel ou sur Bammbireh dont la masse noire se dressait, haute et menaçante, dans l'ombre épaisse; et l'averse tombait toujours, en nappes, avec une violence inouïe... Certes, les heures les plus brillantes que lui a réservées l'avenir n'ont pu effacer de sa mémoire le souvenir de cette abominable nuit !

Le lendemain, on était en vue de l'île de Bammbireh, et comme elle paraissait fertile, le *Lady Alice* se dirigea vers la côte pour entrer si possible en rapports avec les indigènes et leur acheter des vivres.

L'embarcation n'était plus qu'à une faible distance du rivage, quand tout à coup les crêtes des montagnes se couvrirent de silhouettes humaines; en même temps le cri de guerre des Africains, lugubre appel qui se répercute au loin et qu'aucun de nous qui l'avons entendu ne pourrait oublier, ce tocsin sinistre des mauvais jours retentit sur toute la ligne; des voix nouvelles y répondirent et bientôt il devint évident que les indigènes s'apprêtaient à fort mal accueillir la visite des étrangers.

Mais pouvait-on hésiter? On n'avait aucune nourriture; et la chaleur qui se faisait sentir, après le froid de la nuit, avec la faim qui rongeait les entrailles, tout ordonnait de hasarder quelque chose. On continua donc à nager vers la rive, et, découvrant un petit havre, on y entra.

En ce moment, l'hostilité des indigènes devint si manifeste que Stanley donna l'ordre d'arrêter; mais Saféni, son chef d'équipage, intervint :

— Maître, dit-il, il en est toujours ainsi avec ces gens; ils crient, menacent, font les arrogants, mais n'ayez crainte, tout ce bruit cessera dès qu'ils entendront nos paroles; du reste, nous n'avons pas le choix : si nous partons d'ici sans vivres, où pourrons-nous en obtenir?

Cet argument était sans réplique, et l'on reprit la nage.

Pendant ce temps, les naturels parurent délibérer; puis quelques-uns, souriant d'un air affable, entrèrent dans l'eau et, arrivant jusqu'à toucher le *Lady Alice*, se mirent à parler avec douceur; mais tout à coup, ils attirèrent le bateau vers la rive, où tous, alors, d'un effort unanime, le saisirent, et le traînèrent vers la grève à une vingtaine de pas du rivage.

Ce fut l'affaire d'un éclair, et la scène qui s'ensuivit défie toute description; qu'on se figure un enfer déchaîné, une forêt de lances brandies, quarante flèches sur le point de partir, autant de massues tournoyant autour des têtes des voyageurs, et deux cents noirs démons luttant pour les insulter de plus près, se pressant, se bousculant pour avoir la possibilité de frapper, de transpercer, d'assommer ces audacieux étrangers!

Aux premiers symptômes de violence, Stanley debout, avait saisi ses revolvers; il allait sévir quand Saféni le supplia d'être patient; et comme l'émotion paralysait les gens de l'expédition, comme de l'avis général le salut ne pouvait pas être demandé à un acte d'énergie, Stanley prit un air calme et se résigna tout en déplorant à part lui de s'être mis, en dépit de ses pressentiments, à la merci de pareils sauvages.

Cependant les notables du pays étaient accourus, et bientôt, sur la rive, un conseil s'assembla présidé par le roi de Bammbireh en personne; de ce palabre allait dépendre le sort des voyageurs. En grand nombre les indigènes suivirent les chefs au conseil, d'autres continuèrent leurs cris et leurs menaces; les plus hardis vinrent à l'arrière du bateau pour braver l'homme blanc lui-même et l'un d'eux alla jusqu'à lui tirer les cheveux; Stanley saisit la main de l'insolent, et, lui tordant le poignet, le fit hurler de douleur; les lances s'agitèrent, la mort planait dans l'air; l'homme blanc eut un moment d'agonie en pensant à la mort qu'il allait subir... Que deviendraient ceux qui l'attendaient là-bas? Pocock, Barker, qu'allaient-ils faire, lui mort? Et sa mission?... Et ses travaux?...

Nous avons connu en Afrique ces moments d'angoisse devant une trahison, une attaque soudaine, une désertion en masse, et nous savons ce qu'il y a de poignant dans cette minute suprême; ce fut toutefois l'affaire d'un éclair, et le Stanley reparut aussitôt, prêt à combattre ou à mourir.

Le conseil était à peine terminé qu'une longue file d'indigènes, en costume de guerre apparut sur la grève; ils avaient la figure barbouillée de blanc et de noir, et, à leurs allures, il était impossible de ne pas reconnaître l'imminence d'une attaque; le bruit des tambours continuait, et de nouveaux arrivants, débouchaient de tous côtés; ils brandissaient leurs lances, faisaient tournoyer leurs massues, et leurs gestes féroces, leurs cris perçants allumaient en eux la fièvre du combat.

Tout à coup, cinquante guerriers fondirent sur le bateau en poussant des clameurs furieuses, et enlevèrent les rames; l'un d'eux s'adressant à Stanley, lui cria :

— Et maintenant la bataille va commencer ! Si vous êtes des hommes, préparez-vous ! »

Combattre sur la terre ferme à dix contre dix mille, c'était l'écrasement certain. Stanley se recueillit un moment, puis, brièvement il dit à Saféni :

— Suis ces hommes pour dépister leurs soupçons; prends ces étoffes rouges pour faire croire que tu vas parlementer encore, seulement, à mon premier appel, accours ici.

Et, s'adressant à ses noirs :

— Quant à vous, mes amis, c'est affaire de vie ou de mort; rangez-vous sans affectation de chaque côté du bateau; posez négligemment la main sur le rebord; au premier mot que je dirai, poussez-le tous ensemble avec une force de cent hommes et faites-lui gagner l'eau; pensez-vous le pouvoir faire?

— Avec l'aide de Dieu, oui, maître.

Saféni n'avait pas fait cinquante pas que Stanley commanda :

— Poussez!

L'équipage, tête baissée, raidit les bras; le *Lady Alice* fut ébranlé; Stanley le sentit se mouvoir en grinçant; il rappela Saféni et, au moment où celui-ci rejoignait l'embarcation, elle glissait comme une flèche sur les eaux du lac.

Alors, ce furent de la part des indigènes des vociférations infernales, et une pluie de javelots s'abattit autour du bateau; sans perdre de temps à y répondre, Stanley fit arracher des planches du fond pour s'en servir en guise de rames, et l'expédition put s'éloigner de la côte; les naturels s'élancèrent à la pointe du petit havre, décochèrent de nouvelles bordées de flèches contre les voyageurs, et, furieux de voir leurs efforts stériles :

— Allez, crièrent-ils en guise de malédiction, allez et mourez sur le Nyanza !

On était sauvé !

Pas tout à fait cependant. L'expédition ne possédait en tout que quatre bananes pour douze hommes qui n'avaient rien mangé depuis la veille au soir; or, par un vent favorable, il fallait un jour encore pour regagner Kaghéhyi; s'il devenait contraire, il faudra un mois peut-être.

Vers le soir, un orage violent se déclara ; exténués, n'ayant que de minces planches en guise de rames, les hommes s'abandonnèrent à la tempête, à la pluie qui tombait par torrents, et qui les obligeait, du reste, à consacrer tous leurs efforts à vider l'embarcation ; tantôt à la pointe des lames, tantôt dans le creux des sillons, allant d'un côté à l'autre, tournoyant, plongeant, remontant, inondé par l'averse, baigné par l'embrun, le *Lady Alice* dansait sur les flots comme une coquille de noix.

— Courage, enfants! criait Stanley, ne vous tourmentez pas de ce qu'ont dit vos ennemis de Bammbireh. Vous ne mourrez pas dans le Nyanza! Courage! Dieu n'entend pas la malédiction des méchants : elle porte bonheur.

La nuit fut atroce. Mais, au jour, on parvint à atterrir à une île déserte que Stanley baptisa *Ile du Refuge :* on y trouva des bananes, et la chasse procura aux voyageurs un premier contingent de vivres. Enfin, le surlendemain, 5 mai, vingtième jour depuis le départ de chez Mtésa, l'expédition arriva en vue de Kaghéhyi.

Déjà la voile du *Lady Alice* a été reconnue, des acclamations, des décharges de mousqueterie retentissent sur le rivage; les drapeaux flottent, les noirs bondissent de joie : il y avait tantôt deux mois que Stanley avait quitté son camp, et on commençait à désespérer de le revoir jamais. La quille touche le fond ; cinquante hommes sautent dans l'eau ; les premiers enlèvent Stanley de la barque, le prennent sur leurs épaules, et le promènent autour du camp au milieu des gambades et de hourrahs frénétiques ; Frank Pocock est là aussi ; il s'élance vers son chef, les yeux pleins de joie.

— Et Barker ? demanda Stanley ; pourquoi ne vient-il pas me saluer ?

La figure de Frank s'assombrit :

— Parce qu'il est mort, monsieur Stanley.

Quittant aussitôt les groupes joyeux qui l'entouraient, Stanley entra vivement dans sa hutte et invita Frank à lui apprendre ce qui s'était passé pendant son absence.

— Barker, lui dit ce dernier, s'était

bien porté jusqu'à la mi-avril; à cette époque, il eut quelques accès de fièvre; une chasse à l'hippopotame et un bain froid qu'il prit dans le lac déterminèrent chez lui un malaise tel que tous les efforts que l'on fit pour ramener la chaleur dans ses membres furent inutiles; il avait comme le sang figé, et en deux heures il était enlevé. Nous l'avons enterré ici, au bord de l'eau.

Toute une série de fâcheuses nouvelles attendaient Stanley : plusieurs de ses chefs étaient morts de la dysenterie; d'autres manifestaient depuis quelques jours l'intention de déserter; bref, il était temps que le maître revînt. Malheureusement, comment songer à transporter l'expédition dans l'Ouganda? Magassa ne reparaissait point, et les jours se succédaient sans que l'on vît arriver aucun des canots qu'il avait mission de procurer.

Ce fut pour Stanley une nouvelle période de luttes, de tracas continuels; il parcourut les contrées voisines, combla de présents le roi d'Oukéréhoué et parvint enfin, au prix des plus grands efforts, à réunir une petite flottille sur laquelle il embarqua le 20 juin les cent cinquante individus, hommes, femmes et enfants, dont se composait encore son personnel, plus cent quatre-vingt-dix charges d'étoffes, de perles, de fil métallique, quatre-vingt-huit sacs de grain, et trente caisses de munitions, toute la fortune de son expédition.

Mais une tempête formidable qui brisa plusieurs canots, et une bataille sanglante qui eut lieu entre ses propres gens l'obligèrent à revenir en arrière; et ce ne fut que le 6 juillet qu'il quitta définitivement cette plage de Kaghéhyi où la mauvaise chance semblait s'être acharnée contre lui.

Pour regagner l'Ouganda, il éprouva

de plus grands ennuis encore qu'au voyage d'aller, surtout de la part des indigènes de Bammbireh; heureusement, au moment même où il allait peut-être succomber, il fut secouru par une colonne que Mtésa envoyait à sa recherche, avec ordre de le venger s'il avait été tué comme l'avait rapporté Magassa pour excuser son lâche abandon.

Et c'est ainsi qu'en dépit de tant d'épreuves, Stanley parvint à concentrer toute son expédition dans les Etats de Mtésa, persuadé que l'appui de ce puissant monarque l'aiderait à poursuivre l'accomplissement de sa tâche.

CHAPITRE VIII

Mtésa en guerre. — La mobilisation en pays nègre. — Une armée superbe. — Combats, victoires et revers. — Le cheval de Troie. — En route pour le Mouta Nzigé. — Défections.

L'intention de Stanley était de se rendre sans retard à un lac qu'on lui avait renseigné à l'ouest du Nyanza, au lac Mouta Nzigé, dont il voulait faire l'exploration à l'effet de découvrir si quelque rivière ne fait pas communiquer ce lac à l'Albert Nyanza, hypothèse qui n'est pas encore résolue aujourd'hui; elle a pourtant une importance capitale; car, si, comme le disent les Arabes, cette communication existe par la rivière Rouge, alors le Mouta Nzigé serait, en fait, une des sources du Nil, celle que Ptolémée indiquait sur sa carte sous le nom de *Palus occidentalis Nili*.

Mais quand l'explorateur fit part de son projet à Mtésa en lui demandant des guides et une escorte, celui-ci répondit que la chose était impossible pour le moment, car il venait d'entrer en guerre contre les habitants de l'Ouvouma qui se révoltaient, refusaient le tribut, dévastaient la côte et pillaient tous les environs; or, dans l'Ouganda, il n'est pas d'usage de permettre aux voyageurs de continuer leur route alors que l'empereur est en campagne; il ajouta toutefois qu'aussitôt la guerre terminée, il mettrait volontiers à la disposition de Stanley autant de guerriers qu'il le désirera pour atteindre le Mouta Nzigé.

Devant cette assurance, l'explorateur prit le parti d'attendre la fin des hostilités, et entre temps, il résolut d'assister aux opérations guerrières qui commençaient à s'ouvrir, afin de compléter l'étude intéressante qu'il faisait de Mtésa et de son peuple.

L'empereur avait appelé sous les armes cent cinquante mille hommes, auxquels s'ajoutaient cinquante mille femmes et autant d'enfants, ce qui portait à deux cent cinquante mille le nombre de personnes que renfermait à ce moment-là le camp impérial; ce fut un spectacle inoubliable que le défilé de cette puissante armée nègre.

En tête, se présente avec sa légion le général qui garde la frontière de l'Ounyoro: c'est un homme jeune et robuste, fortement charpenté, et brave comme un lion; il a une grande expérience de la guerre, sait la conduire avec adressc, est passé maître dans le maniement de la lance et possède toutes les qualités d'un excellent soldat; il a sous ses ordres trente mille personnes, tant guerriers que gens de suite; et le chemin qui, la veille, n'était qu'un simple sentier de chèvre, après le passage de cette légion lancée au pas de course, est devenu une large avenue. Tous les chefs, même ceux qui professent l'islamisme, gardent leur peinture de guerre et leurs fétiches nationaux ; chacun est affreusement barbouillé d'ocre rouge et de terre de pipe.

Vient ensuite le vieux Kangaou, qui défend le pays voisin du Nil ; bannières au vent, tambours battants, cornets soufflants, il défile fièrement avec ses guerriers, tous dépouillés de leurs vêtements habituels, et le corps et la face badigeonnés de blanc, de noir et de rouge.

Après eux, passent deux mille hommes d'élite, au corps souple, aux pieds agiles, à la haute stature ; experts dans le maniement des armes, ils font sonner leurs poignées de lances, et jettent en courant leur farouche cri de guerre.

Derrière eux arrivent d'un pas rapide

les gardes du corps, armés de fusils; deux cents en avant, cent de chaque côté de la route, deux cents en arrière : ils entourent l'empereur et son vizir, enseignes déployées, tambours et trompes sonnant, et forment un cortège d'aspect imposant; Mtésa est à pied, tête nue; il porte un vêtement d'étoffe bleue à carreaux, fixé à la taille par un ceinturon noir; comme les empereurs romains qui, pour le triomphe, se peignaient le visage en vermillon, Mtésa a la face teinte d'un rouge éclatant. Son vizir, vêtu d'une belle robe de cachemire gris foncé, marche devant lui; et il est à présumer que cet accoutrement, de même que la préséance accordée au vizir, ont pour but de déjouer les complots de quiconque s'embusquerait dans le fourré pour attenter à la vie de l'empereur. Tout n'est pas rose là-bas dans le métier de premier ministre.

Après les gardes du corps, les légions

se succèdent, chefs en tête, chacune se distinguant par sa batterie de tambour particulière, reconnaissable pour des oreilles indigènes; elles passent d'une allure extrêmement vite, plutôt comme des soldats courant au feu que comme des troupes en marche; c'est, du reste, l'habitude des nègres en campagne de toujours marcher au pas gymnastique.

Le défilé durait depuis deux heures, quand arriva la maison royale, les jeunes princes et les femmes de Mtésa, celles-ci au nombre de près de cinq mille; mais il n'y en a guère plus de cinq cents qui puissent être considérées comme ses concubines, les autres sont chargées du service. En pareille matière, les goûts de Mtésa semblent différer largement de ceux des Européens : parmi ses cinq cents femmes, il n'y en avait pas plus de vingt qui fussent dignes d'un regard d'admiration de la part d'un blanc, quelque peu expert en beauté, et certainement pas plus de trois qui valussent de nombreux coups d'œil. Celles-ci avaient le teint des quarteronnes, le nez droit, les lèvres minces et de grands yeux brillants; sous le rapport de la taille et des autres grâces féminines, elles étaient parfaites, « droites comme des palmiers et belles comme des lunes ». Elles n'avaient qu'un défaut, leur chevelure, celle de la race nègre : cheveux courts et crépus; sur tous les autres points, elles représentaient certainement dans toute sa perfection, la beauté féminine de l'Afrique centrale. Toutefois, Mtésa ne les trouve pas supérieures, ou même égales à ses femmes bien en chair, au corps onctueux, au nez aplati : chez les nègres, comme dans les pays d'Orient, l'embonpoint, voire l'obésité, est un élément de beauté.

Le harem de Mtésa était précédé et suivi de mille lances; après quoi venait l'oncle du monarque avec tout son train de maison; un vrai Salomon, celui-là, en raison de la multitude de ses femmes légitimes et autres; mais on affirme que chez lui ce n'est là qu'une simple spéculation : on sait, en effet, qu'en Afrique toute femme a sa valeur marchande, c'est un placement qu'on échange à volonté contre des marchandises de toutes sortes, bestiaux, étoffes, grains de verre ou fusils.

Quand l'armée proprement dite eut défilé, de tous côtés on vit encore accourir d'autres légions, celles des vassaux, des alliés, qui grossirent les rangs de cette multitude guerrière; on eût dit d'une marée vivante dont les flots pressés se déroulaient et s'enflaient toujours. Au coucher du soleil, les troupes se trouvèrent confortablement établies dans trente mille huttes de forme cintrée, parmi lesquelles s'élevaient deçà et delà de grandes toitures coniques indiquant les demeures des chefs. Quant à Stanley, Mtésa lui avait fait construire plusieurs habitations près de la grande avenue qui menait à son quartier général. Cette mobilisation s'était effectuée dans tous ses détails comme par un enchantement magique.

Les forces ennemies étaient massées dans l'île d'Innghira; leur objectif était de forcer les gens de Mtésa à livrer un combat naval, et cette tactique ne laissait pas que d'être habile, car, tandis que les Vouavouma sont d'excellents marins, les guerriers de l'Ouganda ne se battent pas bien sur l'eau. Néanmoins, le plan de bataille de Mtésa consistait à s'emparer de l'île d'Innghira; sa flottille, mouillée au pied du camp, comptait trois cent vingt-cinq canots de diverses tailles; les grands, au nombre de cent, exigeaient cinquante rameurs; les autres, quarante et vingt; de plus, chaque embarcation portait un nombre de guerriers au moins égal au chiffre de l'équipage.

Les premiers engagements furent désastreux pour les armes de Mtésa; avec leurs canots effilés, les Vouavouma s'élançaient comme des crocodiles sur la flotte des Vouaganda, et leur capturaient journellement des bateaux en leur tuant beaucoup de monde.

Mtésa était furieux. Il demanda conseil à Stanley. Celui-ci lui suggéra l'idée de faire une chaussée jusqu'à l'île, ce qui était réalisable quand on dispose d'un nombre d'hommes aussi considérable; le travail fut commencé, on combla par des pierres et des troncs d'arbres une soixantaine de brasses, puis, l'attrait de la nouveauté passé, l'activité se ralentit et l'œuvre resta inachevée. Mtésa dépêcha alors des ambassadeurs aux Vouavouma pour leur proposer des conditions de paix; mais les ennemis coupèrent la tête aux envoyés du roi, et, de leur île, narguèrent sa fureur.

C'est à ce moment-là que Stanley inventa pour Mtésa le triple canot qui fit sur les Vouavouma l'effet du cheval de Troie : il relia, à l'aide de perches et de fascines, trois des plus grandes pirogues et construisit ainsi une machine mystérieuse renfermant dans ses flancs deux cents hommes invisibles, et qui se mouvait sans que l'on pût comprendre comment; ce fortin ambulant était capable de résister aux plus furieux assauts de gens armés de lances, mais il devait surtout répandre dans les rangs ennemis une salutaire panique.

C'est ce qui eut lieu. Les Vouavouma épouvantés tinrent conseil; ils se dirent que cette masse énorme, telle que jamais on n'en avait vu pareille sur le lac, devait évidemment renfermer quelque chose de diabolique, et que, sans doute, les esprits se déclaraient en faveur de

Mtésa. Dès lors, les affaires de celui-ci prirent une excellente tournure, et, disposés à faire leur soumission à condition que le monstre naval se retirerait sans leur causer de dommages, les Vouavouma envoyèrent à leur suzerain le tribut qu'ils lui devaient. La guerre se termina de la sorte, et les deux armées reprirent le chemin de leurs foyers.

De retour dans la capitale, Stanley rappela à Mtésa la promesse qu'il lui avait faite d'une escorte pour atteindre le lac Mouta-Nzigé; le roi consentit alors au départ de l'explorateur et l'autorisa à choisir parmi les chefs de l'Ouganda celui qu'il désirait avoir pour commander cette escorte.

Stanley choisit un jeune général dont il avait remarqué la bravoure au siège d'Innghira, et qui devait emmener avec lui sa légion, forte de deux à trois mille lances, chiffre plus que suffisant pour briser les obstacles que le roi d'Ounyoro, alors en guerre avec Gordon-Pacha, pourrait susciter à l'expédition.

Ce général s'appelait Stambouzi ; c'était un jeune homme d'une trentaine d'années, qui, de l'avis de tous, devait répondre à la confiance de l'homme blanc ; toutefois, sur la demande de Stanley, Mtésa appela devant lui le futur commandant et lui tint ce langage :

— Mon hôte se rend au Mouta-Nzigé ; il m'a demandé de vous donner le commandement de sa garde ; à présent, écoutez : tout ce que vous dira l'homme blanc devra être exécuté comme ma propre parole ; et si vous revenez sans une lettre de lui, vous mourrez. J'ai dit.

C'est en cette occurrence que la duplicité, la diplomatie africaines se manifestèrent dans tout leur éclat : humble et soumis devant son empereur, plein de prévenance envers Stanley aussi longtemps qu'on fut dans l'Ouganda, Stambouzi ne tarda pas à devenir plus loin arrogant, autoritaire, intraitable, et par-dessus tout lâche et poltron.

Dès les premiers jours de la marche, prenant les airs et la place de son roi, il affecta de tenir sa cour, son bourzah, recevant Stanley comme l'eût fait Mtésa lui-même; l'explorateur n'attacha pas d'importance à ces petites manifestations d'une vanité que l'on découvrirait peut-être chez les blancs, tout comme il la rencontra chez ce noir; mais lorsqu'on arriva au but du voyage, au Mouta-Nzigé, cette attitude eut une toute autre gravité.

J'ai omis de dire que, pour arriver à ce lac, il fallait traverser le fameux pays d'Ounyoro. Les lecteurs remarqueront que ce nom reviendra plus loin, quand il sera question de l'expédition de Stanley au secours d'Emin-Pacha; c'est, en effet, ce peuple d'Ounyoro qui, aujourd'hui comme alors, s'oppose par tous les moyens possibles à l'arrivée des étrangers sur son territoire, ne leur permettant même pas de fouler son sol pour étudier les régions voisines.

Toutefois, la forte escorte qui protégeait Stanley enraya le mal : aucune attaque ne se produisit pendant la marche ; mais les indigènes avaient quitté le pays, les demeures étaient vides, les greniers sans vivres, les puits sans eau, et l'hostilité se manifestait ainsi de la plus éloquente manière.

Enfin, l'on arriva au lac. Mais là, de nouvelles difficultés surgirent ; et, bien que la contrée ne fît pas, à proprement parler, partie de l'Ounyoro, aux paroles de paix que leur adressa Stanley, les indigènes firent la réponse suivante :

— Notre pays n'a pas l'habitude de recevoir des étrangers ; la venue de votre expédition nous déplaît ; nous sommes les vassaux dévoués du roi d'Ounyoro qui est en guerre contre les hommes blancs, contre Gordon-Pacha et contre les Egyptiens; comment osez-vous venir dans ce royaume en espérant y trouver la paix? Vos paroles sont mielleuses, mais à vos intentions nous ne croyons pas. Attendez-vous à être attaqués demain.

Cette fière déclaration de guerre jeta le trouble dans les esprits, et Stambouzi réunit un conseil suprême dans lequel les chefs décidèrent à l'unanimité que la colonne devait absolument revenir sur ses pas; d'autre part, les envoyés de Stanley lui firent le rapport suivant au sujet de la possibilité d'affronter les eaux du lac : « A la première escale, la hauteur de la falaise est de cinquante pieds, et, sans des cordes très longues et très solides, il sera difficile de faire descendre aux bateaux cet escarpement; les indigènes, au retour de leurs marchés, hissent jusqu'en haut leurs sacs de sel, enveloppés de peaux de bœuf; il n'est donc pas possible à un homme de monter ou de descendre la muraille avec une charge sur le dos, ses deux mains lui étant nécessaires pour se retenir ou pour grimper; enfin, sur les bords du lac, on ne trouve que de faibles canots de pêche, incapables de transporter l'expédition.

Ces nouvelles, jointes à l'annonce d'un combat imminent, donnèrent aux gens de la caravane la fièvre du départ; néanmoins Stanley lutta énergiquement contre la décision de Stambouzi et des autres chefs de l'Ouganda et il les menaça de la colère de Mtésa s'ils ne le suivaient point; rien n'y fit; le lendemain matin, les tambours sonnèrent le départ, et l'on battit en retraite. L'expédition de Stanley fut forcée de suivre les gens de Stambouzi, mais aussitôt qu'on eut quitté le pays de l'Ounyoro où l'on courait risque d'être attaqué, l'explorateur se sépara de cette cohorte déloyale qui lui avait fait manquer son voyage au Mouta-Nzigé; il se dirigea vers le Nil Alexandra où il allait faire la rencontre d'un autre potentat, bien étrange aussi, le bon roi Roumanika.

Quant à Stambouzi, il n'osa point se représenter devant Mtésa, et il eut raison : lorsque l'empereur apprit sa forfaiture, il entra dans une violente colère :

— Voyez, cria-t-il, à quel point je suis couvert de honte aux yeux des hommes blancs! Une première fois, Magassa, mon chef de la marine, a abandonné mon hôte sur les eaux du lac, le laissant à la merci de nos ennemis, les gens de Bammbireh; aujourd'hui, c'est Stambouzi qui fuit lâchement devant les guerriers de l'Ounyoro, nos éternels adversaires!

Puis, les yeux chargés d'éclairs, il ordonna au chef de sa garde de lui amener

Stambouzi enchaîné; ce qui fut fait; et, dégradé, disgracié, avili, le général termina ses jours dans un affreux cachot.

Mtésa fit ensuite écrire à Stanley de revenir, lui promettant toute une armée s'il le voulait; mais l'explorateur avait d'autres plans; il adressa au grand empereur de l'Ouganda de chaleureux remerciements, mais là se bornèrent ses rapports nouveaux avec lui. Dorénavant, son expédition n'allait plus être soumise qu'à sa seule volonté, et il se promit bien de ne plus assujettir sa personne, son temps ou ses projets au caprice, à la puissance ou à la faveur d'aucun potentat, quel qu'il fût.

CHAPITRE IX

Chez le bon roi Roumanika. — Encore Mirambo. — A Oudjidji. — En exploration. — La légende du lac Tanganika.

C'était donc vers le Nil Alexandra, autrement dit le Kaghéra, que Stanley dirigeait alors ses pas : il voulait en faire l'étude approfondie, se rendre compte d'où venaient les eaux de cette rivière, et s'assurer qu'elle avait pour émissaire le lac Victoria Nyanza, dont il la croyait le principal affluent.

Il fut puissamment secondé dans ses recherches par le souverain du pays, le roi Roumanika, qui convoqua à son intention de véritables assises géographiques; rien de curieux comme l'énoncé des avis parfois baroques, souvent fantaisistes, presque toujours contradictoires, des indigènes sur les questions scientifiques! Néanmoins, il en sort d'ordinaire pour l'explorateur un renseignement quelconque, un jet de lumière, une trace, un indice dont il sait tirer profit et qui souvent le mène au but.

Du reste, à l'inverse de ce qui se rencontre généralement chez les nègres, lesquels ne comprennent pas qu'une recherche scientifique puisse seule guider un voyageur et le payer de ses peines et de ses dépenses, Roumanika témoignait le plus vif intérêt aux travaux de Stanley : celui-ci parlait-il, le roi se penchait vers lui avec une attention avide; et, à chaque question, s'il s'agissait d'éclaircir un doute, une hypothèse, vite le souverain envoyait quérir l'individu le mieux informé et l'interrogeait lui-même sur les points en litige. Il déclarait que, pour lui, c'était une fortune inespérée d'avoir un homme blanc dans ses Etats, et il fit mener son hôte aux lacs, aux rivières, aux montagnes, aux sources d'eau chaude à tout ce qui pouvait intéresser l'explorateur; Roumanika est certainement un nègre idéal, et le séjour d'un mois que Stanley fit à sa cour fut fécond en documents utiles et sérieux pour la solution du grand problème des sources du Nil.

Dès ce moment, l'itinéraire de Stanley, allait changer. Depuis plus d'un an, il s'était consacré à la recherche des sources les plus méridionales du Nil; il avait fait la circumnavigation du Victoria Nyanza et, seul avec Speke, il pouvait affirmer que cette immense nappe d'eau n'était qu'un seul lac, tandis que Livingstone, Burton et d'autres avaient écrit qu'il y en avait là cinq; il avait fait à pied des centaines de milles sur la côte nord du Victoria, exploré les pays limitrophes du

Monta-Nzigé, et découvert le bras de ce dernier lac qu'il baptisa golfe Béatrice; dans l'impossibilité de poursuivre ses recherches en cet endroit, il avait gagné le Nil Alexandra, avait relevé la moitié de son cours, et, empêché par les indigènes de se porter plus avant, il se résignait à dire adieu aux contrées qui alimentent le Nil et à se tourner vers le Tanganika.

Ce changement d'itinéraire devait lui faire découvrir le Congo.

Il était depuis une dizaine de jours en marche vers le Tanganika, quand il apprit l'approche de Mirambo dont on s'en souvient, il avait fait la connaissance d'une façon peu réjouissante à l'époque de son premier voyage. Avec le concours de ses Rougas-Rougas, le farouche monarque organisait aux alentours de nouvelles razzias d'ivoire et d'esclaves; il fit demander à Stanley si l'homme blanc était encore son ennemi, ou bien s'il voulait lui envoyer quelques paroles de paix.

— Dites à Mirambo, répondit Stanley, que j'ai grand désir de le voir; et, qu'étant devenu l'ami de Mtésa, de Roumanika et de tous les rois que j'ai trouvés sur ma route, je me réjouirais d'avoir aussi Mirambo pour ami.

Le lendemain, le terrible chef nègre se présentait avec une escorte de Rougas-Rougas; et Stanley déclare que cette visite a renversé toutes les idées qu'il avait antérieurement conçues de ce roi qualifié par lui-même de bandit. L'explorateur se demanda même si c'était bien Mirambo qu'on lui montrait là, sous les traits d'un homme sans prétentions, dit-il, à l'air inoffensif et aux manières paisibles; toute la vie, tous les actes de Mirambo concordent en effet bien peu avec ce tableau.

Stanley fit avec lui l'échange du sang. Les deux nouveaux amis s'assirent vis-àvis l'un de l'autre sur une natte, le chef de l'escorte leur fit à tous deux une incision à la jambe droite, prit à chacun quelques gouttes de sang qu'il transféra de la jambe de l'un à celle de l'autre, puis d'une voix forte :

— « Désormais, cria-t-il, si l'un de vous manquait à la fraternité qui vous unit, qu'il soit dévoré par le lion, empoisonné par le serpent ; que sa nourriture soit amère, que ses amis l'abandonnent, que son fusil lui éclate dans la main et le blesse, que tout ce qui est mauvais le poursuive jusqu'à sa mort ! »

Cette cérémonie fut suivie d'un échange mutuel de cadeaux, et les deux frères se séparèrent dans les meilleurs termes ; Stanley ne revit plus Mirambo depuis cette époque ; mais quelques années plus tard, fidèle à ses habitudes de piraterie, le roi-bandit de l'Ounyamouési attaqua nos caravanes et massacra Carter et Cadenhead dans le pays de Pimboué.

Stanley se dirigea donc en droite ligne vers le lac Tanganika, et il arriva le 27 mai à Oudjidji, là où quatre ans auparavant, il avait retrouvé Livingstone.

Quel superbe panorama! Le ciel est du bleu le plus pur, et le lac endormi reflète fidèlement sa teinte exquise; pas un souffle d'air ne ride la surface de l'eau; à droite et à gauche, des bosquets de palmiers et des figuiers toujours verts; devant soi, une bordure de grands roseaux, dominés par les toits plats d'Ougoy et les huttes coniques de Kahouélé; des bœufs à longues cornes s'abreuvent au bord de l'eau, des ânes galopent çà et là, en brayant avec force; des chèvres, des moutons et des chiens vaguent sur la place du marché, bordée par les tembés des Arabes, demeures solides, spacieuses, construites en pisé avec de larges et fraîches vérandahs; des palmiers, des papayers, des grenadiers, des plantains (*bananiers des sages*), élèvent au-dessus des terrasses de ces habitations, leurs gracieux rameaux et leurs frondaisons dont la verdure tranche harmonieusement sur le brun grisâtre des murailles et des palissades.

Le marché d'Oudjidji mérite une mention spéciale : c'est un des plus importants de la région. Il est quotidien et tous les pays d'alentour y apportent leur contingent de produits : l'un y expédie du sorgho, du sésame, des haricots, des volailles, des chèvres, des moutons à grosse queue, du beurre et des bœufs; l'autre, des bananes vertes et mûres, des fruits d'élaïs, de l'huile de palme; d'ailleurs, il arrive du fil de fer, des anneaux, des bracelets en fer; puis encore du manioc séché, du poisson sec, des poissons blancs très petits qui abondent dans le lac, du sel, du lait de beurre, des arachides, des patates, des tomates, des ignames, des herbes potagères, des melons, des concombres, des cannes à sucre; quant aux naturels de l'Oudjidji ils vendent surtout des esclaves, du poisson frais, de l'ivoire, des paniers tressés, des filets de pêche, des lances, des arcs et des flèches; comme monnaie courante ils ont adopté une perle cylindrique d'un demi-pouce de longueur, perle de porcelaine blanche et noire qui ressemble à un fragment de tuyau de pipe.

Le plus riche propriétaire d'Oudjidji est un Arabe, nommé Mouini Kkéri, et sa fortune se compose comme suit : environ cent vingt esclaves des deux sexes, quatre-vingts fusils, deux mille huit cents livres d'ivoire, deux maisons, un champ de blé, une rivière, neufs canots avec leurs rames et leurs voiles, quarante têtes de gros bétail, vingt chèvres, trente balles d'étoffes, vingt sacs de perles, trois cent cinquante livres de laiton, deux cents livres de fil de fer, le tout valant là-bas à peu près 90,000 fr. L'avoir des autres Arabes d'Oudjidji, — et ils sont nombreux, — varie de 500 fr. à 15,000 fr. ; ils détiennent la richesse et le pouvoir effectifs du pays.

Quant aux naturels, ils sont bateliers habiles, adroits pêcheurs, et mènent une existence des plus actives ; véritables amphibies, il faut les voir quand le vent frais du matin ou l'espérance d'un heureux coup de filet les anime, raser l'onde comme des oiseaux d'eau qui folâtrent, manœuvrer debout leur étroite pirogue juste assez large pour les contenir, darder leur esquif dans toutes les directions, avancer, reculer, pirouetter, chavirer, disparaître et se retrouver en équilibre dans leur canot, avant qu'on ait eu le temps de s'effrayer de tant d'audace !

Le but de Stanley en revenant au lac Tanganika, était de faire avec soin le péryple de la côte ouest, pour s'assurer notamment si, oui ou non, cette immense nappe d'eau a une issue quelconque; Cameron, qui avait passé par là peu de temps auparavant, penchait pour l'affirmative, et indiquait comme émissaire du lac la rivière Loukouga qui coule vers l'ouest et serait un affluent du Livingstone; Stanley, lui, pensait, au contraire, que le grand lac n'a pas de déversoir, et cette idée s'était encore affermie dans son esprit par l'observation suivante: trois palmiers qui, en novembre 1871, se trouvaient sur la place du marché d'Oudjidji étaient en 1876 dans le lac, à cent pieds de la rive; et la grève où, lors de son premier voyage, Stanley se promenait avec Livingstone, était recouverte d'eau sur une largeur de deux cents pieds. Si le niveau monte ainsi, se disait-il avec raison, c'est donc que le lac n'a pas d'issue. Il est vrai que, dans ces contrées équatoriales où la végétation est si forte, les émissaires fluviaux peuvent être momentanément obstrués par une véritable montagne de papyrus ; les eaux tendent alors vainement de renverser cette barrière, et souvent on les voit même se creuser un autre chemin.

Quoi qu'il en soit, Stanley vit se confirmer son hypothèse : il explora attentivement les contours du Tanganika, recueillit maints renseignements de la part des indigènes, se livra à de continuelles observations, et resta convaincu que les eaux du lac avaient notablement monté depuis plusieurs années, et qu'aucune issue ne pouvait exister. Les Arabes d'Oudjidji confirmaient, de leur côté, que, depuis trente ans, le Tanganika n'avait fait qu'enfler, qu'à cette époque existaient des rizières qui aujourd'hui sont dans le lac à trois milles du rivage, et que chaque année les eaux enlèvent quelque nouvelle portion des cultures.

Elle est assez originale, d'ailleurs, la légende de ce grand lac, telle que la racontent les pêcheurs d'Oudjidji.

Il y a longtemps, longtemps, disent-ils, à la place où l'on voit le Tanganika se trouvait une plaine immense, habitée par beaucoup de nations qui possédaient de grands troupeaux de vaches et de chèvres.

Dans cette plaine, il y avait une grande et belle ville, défendue par une forte estacade. Toutes les maisons de cette ville, comme c'était la coutume alors, étaient entourées de grandes haies de canne, enfermant des cours où l'on rentrait le bétail pendant la nuit, pour le garantir des bêtes sauvages et des voleurs.

Dans un de ces enclos, vivait avec sa femme un homme, propriétaire d'une source profonde qui alimentait un joli petit ruisseau où venaient boire les bestiaux du voisinage.

Cette fontaine, chose étrange, contenait

des poissons sans nombre qui fournissaient à l'homme et à la femme une nourriture abondante ; mais comme la possession de ce trésor dépendait du secret le plus absolu, personne, en dehors du cercle de la famille, n'en avait connaissance. Une tradition, transmise de père en fils, portait que le jour où la fontaine serait montrée par l'un d'eux à quelque étranger, la famille serait ruinée et détruite.

Mais il arriva qu'à l'insu du mari, la femme aima un autre homme de la ville, et, sa passion grandissant, elle porta en cachette à cet homme quelques poissons de la fontaine merveilleuse. La chair en était si bonne et d'un goût si nouveau que l'amant voulut savoir d'où elle venait. Pendant longtemps, la crainte des terribles conséquences de son indiscrétion fit résister la femme aux questions pressantes qui lui étaient adressées. Puis, malgré son respect pour la divinité de la source et la frayeur que lui inspirait la colère de son mari, elle promit de dévoiler le mystère.

Un jour, le mari eut à faire un voyage: avant que de partir, il recommanda strictement à sa femme de prendre soin de la maison et de ce qu'elle renfermait, surtout de garder le silence sur la fontaine, de n'admettre aucun étranger dans l'enclos, et de ne pas aller faire la causette chez les voisins pendant qu'il serait absent.

La femme, naturellement, promit d'obéir. Mais l'époux était à peine en route, qu'elle courut retrouver son amant et lui dit :

— Mon mari est parti pour un voyage qui durera plusieurs jours. Tu m'as souvent demandé où je me procurais cette chair délicieuse que nous avons mangée ensemble ; viens, tu vas le savoir.

Son amant, tout joyeux, la suivit.

Ils entrèrent alors dans la maison où la femme le régala de zogga (vin de palme), de maramba (vin de banane), d'ougali (sorte de bouillie indigène), de farine de maïs, d'huile de palmier assaisonnée de poivre et de quantité de poissons.

Le repas terminé, l'amant lui dit :

— Nous avons mangé et bu, nous voilà rassassiés. Maintenant, montre-moi où tu prends cette viande merveilleuse qui est si blanche, et bien meilleure que la chair d'agneau, de chevreau ou de poulet.

— Oui, répondit-elle, parce que je te l'ai promis et que je t'aime tendrement. Mais c'est un grand secret, et mon mari m'a bien recommandé de ne le dire à aucun être humain qui ne soit pas de la famille. Tu devras donc, mon amour, n'en parler à personne, et tu ne me trahiras pas, car il nous arriverait malheur à tous.

— Sois sans crainte ; ma bouche sera close et ma langue sera liée.

Ils se levèrent. Elle le conduisit vers l'enclos qui était soigneusement entouré d'une haute palissade et, le prenant par la main, le fit entrer dans l'enceinte; là, elle lui montra un étang de forme ronde, rempli d'une eau limpide qui montait en bouillonnant des profondeurs du sol.

— Regarde, dit-elle; voilà notre fontaine merveilleuse. N'est-elle pas belle? C'est là que sont les poissons.

De sa vie, l'homme n'avait rien vu de pareil, car il n'y avait pas de rivière dans la contrée, excepté le rivulet qui sortait de cette fontaine. Sa joie était si grande qu'il s'assit auprès de l'eau et regarda les poissons frétiller, sauter, se poursuivre les uns les autres, plonger et revenir à la surface, montrer leur ventre aux écailles blanches, leurs flancs aux vives couleurs, et disparaître au fond de la source. Jamais, jamais il n'avait éprouvé autant de plaisir.

Tout à coup, un poisson plus hardi que

les autres s'étant approché, l'homme étendit la main pour le prendre... Ah! ce fut la fin de tout! La divinité était en colère. Le sol se fendit, la plaine enfonça, enfonça tellement que ce fut bientôt comme un vaste entonnoir; la fontaine déborda et remplit cette déchirure qui s'était faite dans la terre. Et aujourd'hui, à la place de la plaine riante, des villages, des champs verdis, vous ne voyez plus qu'une immense nappe d'eau, le Tanganika; tous les gens ont péri, maisons, jardins, troupeaux, tout fut englouti dans les eaux. Seul, le mari n'est pas mort. Quand il revint de voyage, apercevant ce grand lac à la place où il avait laissé son pays, il comprit que le secret de la fontaine avait été trahi par sa femme, et longtemps il erra aux alentours, jusqu'à ce que la divinité des eaux, le prenant en pitié, lui inspirât l'idée de fonder sur ces rives une nouvelle ville qui fut Oudjidji.

Telle est la légende du vieux Tanganika que redisent dans leurs chants les nautoniers du grand lac, et qu'écoutent les noirs bébés, le soir, quand, revenant des marchés d'alentour, les canots se hâtent de regagner le port à force de rames et la voile gonflée.

L'exploration que fit Stanley du lac Tanganika est une des phases importantes de son voyage : avec une patience, une ténacité que rien ne rebutait, il a fouillé avec son petit bateau, le *Lady Alice*, tous les coins, les recoins, les havres, les golfes, les moindres sinuosités des rives, étudiant les courants, la nature de la végétation, les audacieuses formations granitiques, observant le mouvement des eaux, mesurant, sondant, l'œil toujours en éveil, et arrachant aux indigènes quelque éclair de vérité au sein de leurs légendes, de leurs chants nationaux ; de cet ensemble il a tiré des déductions devant lesquelles on serait tenté de s'incliner sans réserves, si elles n'étaient contredites par un homme d'une science indiscutable, par le lieutenant de marine Cameron, qui, le premier, fit le péryple du grand lac, et lui assigna formellement comme émissaire la rivière Loukouga.

CHAPITRE X

En route ! — Le Manyéma. — Nyangoué. — Un contrat avec Tippo-Tip. — Pile ou face ! — A travers les forêts. — Découragement.

Quand Stanley, de retour de son exploration du lac Tanganika, regagna Oudjidji, il trouva dans un état lamentable la partie de sa caravane qu'il y avait laissée à la garde de Frank Pocock : ce dernier souffrait cruellement de la fièvre, cinq des Zanzibarites avaient succombé à la petite vérole, et six autres en étaient dangereusement atteints; de plus, le moral des hommes semblait au plus bas : la plupart d'entre eux étaient décidés à déserter au plus vite, car la certitude d'être mangés par les cannibales de Manyéma où l'explorateur voulait se rendre, avait fait perdre la tête aux plus intrépides.

Stanley prit un parti énergique : ayant réuni ses hommes, il en fit empoigner trente-deux qui lui inspiraient peu de confiance et les embarqua sous bonne garde pour la rive occidentale du lac ; de plus, sur les cent trente-deux individus dont se composait l'expédition, trente seulement conservèrent leurs fusils ; avec raison, Stanley se serait résigné, au besoin, à perdre des hommes faibles, sans valeur, craintifs, mais non pas une arme à feu.

Lorsqu'on fut arrivé sur l'autre rive du lac, les désertions recommencèrent de plus belle; mais Stanley fit poursuivre impitoyablement les fugitifs, et les condamna à des corrections sérieuses ; son énergie triompha enfin de la couardise de ses gens, et à partir de ce moment, l'intégrité de sa caravane parvint à se maintenir d'une façon assez satisfaisante, en dépit des récits effrayants qui circulaient sur les pays qu'on allait traverser.

A mesure que l'on s'éloigne du lac Tanganika en direction vers le Manyéma, la nature revêt un aspect à la fois charmant et grandiose : des rampes aux courbes gracieuses séparent les vallées qui se succèdent ; des collines s'élèvent au milieu des bassins ; des chaînes de montagnes, largement espacées, ferment l'horizon et réduisent les chaînons intermédiaires à n'être plus dans la scénerie que des traits agréables par leur diversité. Tout cela est drapé de verdure aux teintes variées, fraîches et vives ; des ruisseaux tombent en cascades de toutes les hauteurs ; les collines sont fleuries et les vallées remplies de parfums ; les roches, les troncs d'arbres sont enguirlandés de lianes, décorés de mousses ; partout la terre est féconde. Ce n'est toutefois pas une végétation douce et veloutée comme celle des grasses plaines des Flandres ou de l'Écosse; non, les herbes là-bas sont rudes, tranchantes comme des lames, piquantes comme des aiguilles; les roseaux ressemblent à des bambous dont ils ont la taille et la résistance; les lianes, les convolvulus ont une longueur et une épaisseur de câble; les épines sont des crocs d'acier, les arbres portent leurs frondes à cent pieds d'élévation.

Au Manyéma, la nature est d'une beauté terrible; elle frappe d'un respect mêlé de crainte : dans le dialecte du pays le mot *forêt* lui-même exprime quelque chose de plus grand qu'ailleurs, une jungle emmêlée, un sous-bois impénétrable au milieu d'un bois épais, et c'est exactement, du reste, ce que l'on y rencontre.

Quant aux gens du pays, ils présentent des particularités dignes de remarque : leurs armes se composent d'un sabre court à fourreau de bois garni de clochettes de fer ou de cuivre, assez semblable à ce que l'on rencontre à Onitsha sur le Niger[1], d'une lance légère, admirablement équilibrée, et de boucliers en bois énorme, de vraies portes. Pour vêtement, un étroit tablier de peau d'antilope ou d'étoffe d'herbe; des cônes, des loupes, des plaques d'argile décorent leur barbe et leur chevelure; d'aucuns se font des cornes en pisé au sommet du crâne; certains, plus ambitieux encore, ont la tête couverte d'une calotte de boue.

Les femmes, contrairement à la généralité des négresses, ont une chevelure abondante; elles en arrangent une partie avec des brindilles de paille qui donnent l'illusion d'une passe de chapeau; les cheveux de derrière, laissés libres, descendent

[1] « *Niger et Bénué*, » par Adolphe Burdo, p. 128.

parfois jusqu'à la taille en une masse de boucles ondulées ; un grand panier sur le dos, ces femmes se rendent aux rivières, aux lagunes pour y pêcher du poisson, ou bien, elles s'en vont quérir du bois de chauffage dans une hotte maintenue par une courroie qui leur passe sur le front.

Bien que les indigènes comprennent le devoir de l'hospitalité et accordent aux étrangers le libre accès de leurs habitations, en maints endroits les femmes manyémas s'enfuirent à l'approche de l'expédition : sans doute, elles avaient eu antérieurement à souffrir des Arabes et redoutaient avec raison le voisinage des caravanes ; aussi, instruit de cette défaveur, Stanley avait refusé de se laisser accompagner d'aucun trafiquant d'Oudjidji, bien que plusieurs l'en eussent supplié ; jusqu'à Nyangoué, l'explorateur avança seul avec ses hommes, et il n'eut qu'à se féliciter de cette mesure.

Enfin, après quelques péripéties inséparables de ces marches dans l'inconnu, il arriva tout à coup en face du point de jonction des rivières Loualaba et Louata. Un ravissement profond l'envahit alors, tandis qu'il regardait ce fleuve majestueux. Le mystère que la nature cachait depuis tant de siècles et qui préoccupait le monde scientifique, attendait là qu'on le dévoilât. Pendant 220 milles, Stanley avait suivi une des sources du Livingstone jusqu'à son embouchure ; à présent, il avait sous les yeux le fleuve lui-même : sa tâche était de le descendre jusqu'à l'Océan.

La marche alla rapide, et le guide jetait l'expression de son contentement dans des chants descriptifs, dont toute la bande, hommes , femmes, enfants, répétait le refrain. Comme on marchait à ce moment-là ! Quelles enjambées ! Quelle bonne volonté dans l'allure !

— Plus vite, amis, plus vite, afin que les Arabes de Nyangoué apprennent quels vétérans vous êtes !

Et, sans qu'aucun ordre fût donné, les gens luttaient à qui marcherait le plus prestement; par monts et par vaux, traversant l'Ouzoura, passant à gué le Loulinudi, l'expédition arriva d'un pas allègre à Nyangoué, le grand centre commercial des Arabes de l'Afrique centrale.

C'est là que, pour la première fois, Stanley se rencontra avec le célèbre Hamed-ben-Mohammed, autrement dit Tippo-Tip, qui depuis joua plus d'un rôle dans les odyssées du grand explorateur.

Tippo-Tip est un homme de grande taille, jeune, à barbe noire, aux mouvements prompts et agiles, un type de force et d'énergie ; sa peau est négroïde, mais la figure est intelligente et belle, avec un clignement d'œil nerveux et des dents admirables, d'une forme parfaite et d'une blancheur étincelante. Il appartient, en un mot, à cette race brune apparentée de près à celle d'Egypte, mais où cependant on voit apparaître clairement le type arabe : c'est l'infiltration du sang nègre qui, en ce moment déjà, gagnait la race kouschite.

Car l'esclavage est une arme à double tranchant qui détruit la descendance des Arabes en l'abâtardissant à jamais, et qui compromet par là ses intérêts vitaux plus sûrement que ne le feront jamais la domination turque et l'influence européenne. La jeune femme africaine enlevée à sa famille pour alimenter les marchés de l'Oman, du Yémen, du Hedjaz, fait payer cher à ses oppresseurs le rapt dont elle est l'objet; le sang blanc d'Arabie n'a aucun moyen de se renouveler, il va s'épuisant, et, par ces croisements continuels avec la vigoureuse race nègre, il se laisse insensiblement envahir par elle.

La lutte est inégale, ceci tuera cela : l'étreinte de Cham étouffera le fils de Sem, l'esclave violentée se vengera inconsciemment de ses maîtres en ne leur donnant bientôt plus que des enfants noirs comme elle.

Ce sera le châtiment[1].

Tippo-Tip en offre un exemple frappant, comme le sultan de Zanzibar lui-même, et comme tous les Arabes de la conquête.

De l'air et du ton d'un homme bien né, il souhaita à Stanley la bienvenue, et s'accroupit en face du voyageur sur une natte et un coussin qu'avaient apportés ses esclaves; puis il examina longuement l'homme blanc, avec ce regard profond qui semble chercher les pensées de derrière la tête.

De son côté, Stanley l'étudiait aussi, et il en arrivait à cette conclusion qu'il avait

[1] Voir : *Les Arabes dans l'Afrique Centrale*, par Adolphe Burdo, E. Dentu, Paris.

sous les yeux un homme remarquable, le plus remarquable peut-être qui se puisse rencontrer dans l'Afrique centrale; d'une tenue très soignée, cet Arabe portait des vêtements d'un blanc immaculé, un fez tout neuf, une ceinture en soie de Surate, et une dague ornée d'un merveilleux filigrane d'argent.

Déjà, Tippo-Tip avait antérieurement escorté Cameron dans ces parages; malheureusement le lieutenant de marine anglais n'avait pu poursuivre son voyage vers le nord, et il avait ainsi passé près du Congo sans le pouvoir découvrir; nul mieux que le chef arabe ne pouvait donc renseigner Stanley sur cette intéressante région encore enveloppée de mystères. Les renseignements qu'il lui donna, confirmés, du reste, par d'autres Arabes, prouvaient que le problème était encore intact à l'endroit où l'avait laissé Livingtone lorsque dans l'impossibilité de continuer sa route l'illustre voyageur avait quitté Nyangoué pour n'y plus revenir.

D'après Tippo-Tip, si Cameron avait renoncé à descendre le cours du Loualaba, — ce qui lui aurait fait découvrir le Congo, — c'est d'abord parce qu'il n'avait pas trouvé de canots, ensuite parce que les indigènes de *La Forêt* (la Mitamba) ont une extrême aversion pour les étrangers; c'est, du reste, ce qui avait empêché également Livingstone de poursuivre de ce côté ses importantes explorations.

Stanley demanda à Tippo-Tip de l'accompagner avec ses hommes; mais l'Arabe n'avait aucune raison de partager son enthousiasme, et, froidement il lui répondit :

— S'il plaît aux hommes blancs de compromettre leur existence, ce n'est pas un motif pour que les Arabes fassent de même. Nous autres, nous voyageons lentement, nons avançons peu à peu, en nous procurant de l'ivoire et des esclaves, et nous y mettons des années; vous autres, blancs, vous ne vous occupez que de rivières, de lacs, de montagnes, et vous usez votre vie sans raison et sans but. Voyez ce vieillard, que vous appelez Livingstone et que nous avons vu mourir dans le Bissa : qu'a-t-il cherché si longtemps, pendant vingt-cinq ans qu'il est resté dans l'Afrique centrale? Il n'est pas devenu riche, il ne nous a jamais fait de présents, il n'achetait pas d'ivoire, pas d'esclaves; il allait toujours de l'avant, et pourquoi faire!!!...

Ces arguments étaient sans réplique aux yeux d'un Arabe trafiquant, si intelligent fût-il; mais, en outre, les pays que Stanley voulait traverser étaient peuplés, assurait-on, de cannibales, d'intraitables sauvages, de nains hideux, en un mot; y aller, c'était courir à une mort certaine.

Toutefois, sur l'insistance de l'explorateur, Tippo-Tip convoqua ses parents, ses amis, tous ceux qui de près ou de loin avaient affronté ces parages et leur demanda leur avis ; à l'issue de ce palabre, ayant fait sortir tout le monde, il dit à Stanley :

— Chacun me déconseille de m'aventurer dans un pareil voyage ; néanmoins, comme je ne veux pas faire manquer vos projets, je consens à vous accompagner pendant soixante étapes, aux conditions suivantes :

1° Vous me donnerez une somme de cinq mille dollars (15,000 francs) ;

2° Nous partirons de Nyangoué dans la direction que vous voudrez ;

3° Les soixante étapes ne devront pas durer plus de trois mois ;

4° La marche sera de quatre heures par jour ;

5° Au bout des soixante étapes, nous

nous quitterons, à moins que vous ne vouliez retourner en arrière avec moi ;

6° Vous payerez pendant toute la durée du voyage la ration de cent quarante de mes hommes ; si, avant l'expiration des soixante étapes, vous en avez assez du voyage, mes cinq mille dollars n'en seront pas moins payés sans retenue aucune.

Stanley accepta. Toutefois, en présence des dangers qu'on lui signalait, il voulut avoir avec Frank Pocock un entretien des plus sérieux, dans lequel, alternant à dessein le *pour* et le *contre*, il lui exposa la situation en lui demandant ce qu'il en pensait. Le brave garçon, dont le courage était cependant à toute épreuve, ne savait trop quel parti prendre ni quel avis donner ; d'autres explorations s'offraient à l'est, au sud ; on pouvait se porter vers le lac Bemba, vers le Zambèse, ou encore explorer le nord-est, le Mouta-Nzigé ; tout cela, certes, n'était pas aussi brillant que la perspective de traverser le continent de part en part; mais où courait-on de la sorte? Tel fut le sujet de la conversation qui eut lieu ce soir-là entre Stanley et son dernier compagnon.

— Eh bien! monsieur Stanley, dit tout à coup Pocock, voulez-vous que nous jouions notre direction à pile ou face?

— Soit. Face pour le nord, pile pour le sud.

Frank jeta en l'air une roupie qui retomba pile.

— Recommençons, fit-il d'un air désappointé.

Même résultat: pile six fois de suite. Le sort voulait que l'on rétrogradât vers le sud au lieu de s'avancer au nord où Frank allait trouver son tombeau.

— N'importe, dit le courageux jeune homme; suivons notre destinée, monsieur Stanley, et, en dépit du sort, portons-nous vers le nord : c'est là qu'est le grand problème à résoudre, c'est là qu'est l'honneur, c'est là que nous trouverons la gloire ; mon vieux père m'a dit en me quittant : « Que rien ne te détache jamais de ton maître. » Voici ma main, monsieur, comptez sur moi.

— Très bien, Frank, et merci.

Le lendemain, Stanley signait le contrat avec Tippo-Tip ; et, quelques jours après, l'expédition se remettait en marche accompagnée de 700 hommes que le chef arabe emmenait avec lui ; sur ce nombre, 300 devaient se détacher de la colonne à quelques marches de là, pour se rendre au Tata ; l'escorte proprement dite qui faisait l'objet du contrat était forte d'environ 250 individus, arabes, nègres, indigènes de divers pays, tous armés qui de fusils, qui de flèches et de lances ; la bande comptait, en outre, cent esclaves et cinquante jeunes garçons, servants d'armes, domestiques, cuisiniers, charpentiers, maçons et forgerons; le reste se composait de femmes esclaves dont vingt appartenaient en propre à Tippo-Tip.

A peine eut-on quitté Nyangoué que, dès le 6 novembre, on entrait dans la Mitamba, forêt sinistre dont avec raison les indigènes avaient fait à Stanley un véritable épouvantail, et où il fallut dire adieu au soleil et subir une foule de misères. A droite et à gauche, les arbustes des fourrés s'élèvent à vingt pieds de hauteur; le sol, terreau d'un brun sombre, formé par l'accumulation tant de fois séculaire des débris de la forêt et sans cesse abreuvé, constitue une couche chaude d'une puissance végétale étonnante; retenue par l'argile sous-jacente, l'humidité nourricière est aspirée par les myriades de racines des buissons et des herbes. Toutes ces plantes, d'une diversité inouïe, qui croissent avec tant de vigueur dans cette ombre tranquille et moite, seraient desséchées par le moindre vent. Mais quelle bourrasque pourrait visiter ces cloîtres ombreux? La tempête a beau mugir au dehors, un calme absolu n'en règne pas moins dans les profondeurs de cet océan de verdure.

On n'a qu'à tirer sur un jeune arbre pour savoir que le terrain meuble n'a aucune force de rétention, et que les racines de l'arbrisseau n'ont pas pénétré dans l'argile; même celles des géants de la forêt n'y sont pas entrées profondément, comme on peut le voir par leurs racines à moitié découvertes; ils semblent rester debout plutôt en raison de la largeur de leur base que par l'empoignement de la terre.

S'il fallait décrire tout ce que l'on voit d'insectes dans ces forêts tropicales, un chapitre ne suffirait pas : c'est dans ces retraites sans drainage que se trouve le véritable laboratoire de la nature où l'on ne peut pénétrer qu'en payant son audace de la fièvre ou de la malaria.

On parle du silence des bois! Mais, pour l'observateur attentif, ces forêts africaines sont loin d'être silencieuses : le bourdonnement et le murmure de centaines de tribus actives remplissent de leur bruit confus l'ombre crépusculaire qui règne sous cette feuillée vierge; on y perçoit le broiement de millions de mandibules, le sifflement furieux de peuplades alarmées, prêtes au combat, le bruissement d'ailes minuscules dans les couches inférieures de l'air, la marche de légions sous les feuilles, le bond subit d'une marte qui se réveille, le stridulement d'un grillon ardent et bavard, le bourdonnement du fourmillon et le rugissement de la grenouille-taureau. Ajoutez à cela le froissement des ramilles, la chute des feuilles, celle des noix et des baies, le brisement accidentel d'une branche, le grondement ou le murmure des cimes qui se balancent ou s'entre-choquent; et, fût-on aveugle et seul, on saurait, à n'en pas douter qu'à l'ombre d'une forêt tropicale, s'exercent de menues industries en quantités incalculables, et que là s'agitent des travailleurs dont personne ne pourrait estimer le chiffre. Mais qu'on ne dise pas que la forêt est silencieuse !

Le terrible sous-bois qu'eut à traverser Stanley était un miracle de végétation. Il se composait de fougères, d'herbes tranchantes, de roseaux, d'orchidées, mêlés à des lianes, des acacias, des tamariniers, des vignes folles, des palmiers de toutes races : élaïs, dattiers, borassus, rotangs et cent autres; inextricable fourré dont toutes les plantes se disputaient chaque pouce du terrain, d'où elles s'élançaient avec une luxuriance que peut seule donner une telle serre chaude. La marche y était des plus pénibles ; à un certain moment, elle devint impraticable pour les porteurs du bateau, et Stanley dut organiser un corps de pionniers pour ouvrir une passée à coups de hache.

Au bout de quelques jours, et comme la forêt ne finissait point, un matin, Stanley vit arriver vers lui Tippo-Tip qui, après de longs préambules où furent exposées les horreurs de cette situation, exprima carrément le désir de rompre le contrat.

Stanley sentit que le moment critique était arrivé; allait-il devoir terminer là son voyage? Il essaya, mais en vain de représenter à l'Arabe la valeur d'un engagement solennel librement souscrit :

— Avoir la langue double, répondit Tippo-Tip, ne sert à rien ; il faut parler franchement. Eh bien ! de ce train, il nous faudra un an pour faire ces soixante marches. Je n'avais jamais vu cette forêt, et je ne pouvais m'imaginer qu'il y eût pareil lieu au monde. L'air qu'on y respire tue mes gens. Vous tuerez aussi les vôtres. Ces bois ne sont faits que pour les païens, les singes et les bêtes fauves. En vérité, je ne peux pas aller plus loin!

CHAPITRE XI

Le Congo. — Hostilité des riverains. — Les cannibales. — De la viande ! — Maladies et morts. — Départ de Tippo-Tip et de ses gens. — Toujours la guerre ! — Les cataractes.

C'est à ce moment-là que, le 19 novembre, Stanley atteignit le fleuve superbe que, dans sa reconnaissance pour le vieil explorateur anglais dont il complétait la tâche, il appela d'abord le Livingstone ; les géographes n'ont toutefois pas ratifié cette décision, et la grande artère africaine est aujourd'hui désignée sur toute sa ligne sous le nom de Congo.

En cet endroit, sur les deux rives, se profilait la ligne obscure d'une forêt semblable à celles que l'on traversait sans fin ni cesse depuis Nyangoué ; aussi le découragement allait-il croissant dans la caravane : on ne sortirait donc jamais de ces terribles mitambas !

Quant à Stanley, il ignorait encore l'importance de la voie fluviale devant laquelle il se trouvait ; vers où coulait-elle ? Et, s'il s'abandonnait à son cours, dans quels pays allait-elle le mener ? Peut-être, après un brusque coude, la verra-t-il retourner en arrière, vers le pays de Roumanika ? Alors, adieu son rêve, son espoir de traverser le mystérieux continent en découvrant le sillon magistral qu'il pressentait !

Mais sa bonne étoile veillait sur lui ; il sentit qu'il se trouvait sur le vrai chemin, devant la solution de l'important problème, et, faisant battre le tambour, il appela tout son monde et les Arabes qui l'accompagnaient.

— Amis, leur dit-il, vous avez atrocement souffert durant ces longues marches à travers d'interminables forêts ; bien souvent vous avez demandé au ciel de vous mener sur une route où le voyage fût plus facile; moi-même je cherchais un sentier pour me conduire à la mer; eh bien! nous voici exaucés. Regardez ce grand fleuve: depuis le commencement du monde il coule ainsi dans le silence et dans l'ombre ; jamais il n'a été descendu par aucun de mes frères, et pourtant, il mène à la mer, à la mer que sillonnent les grands vaisseaux, et dont vos amis et les miens habitent les bords. Le destin a voulu nous réserver cet honneur de découvrir et de descendre les premiers ce magnique cours d'eau. N'est-ce pas, vous m'accompagnerez tous?

D'expressifs hochements de tête et des nons énergiques prouvèrent à Stanley que personne ne partageait son enthousiasme.

— Comment! Vous m'abandonneriez,

vous que j'ai conduits à travers tant de périls et que j'ai toujours sauvés! Vous qui m'avez suivi autour des grands lacs comme les enfants suivent leur père, vous allez me laisser partir seul avec mon frère blanc! Et vous retournerez dire à Zanzibar que vous m'avez quitté en plein inconnu, sur une terre sauvage, m'abandonnant à une mort certaine! Non, non, cela ne sera pas! Allons, mes braves, montrez-moi ceux qui ont un cœur de lion! montrez-moi ceux qui osent me suivre!

D'un bond, le nègre qui avait eu la conduite du *Lady Alice* sur le lac Nyanza, tomba aux genoux de Stanley :

— Maître, cria-t-il, je suis un de ceux-là; je vous suivrai jusqu'à la mort!

Son exemple fut suivi par trente-sept autres; quatre-vingt-quinze demeurèrent immobiles.

— C'est bien, dit Stanley; j'en ai assez.

Je lancerai mon bateau sur ce fleuve, et je ne le quitterai que quand mon œuvre sera complète, je le jure !

Les Arabes, y compris Tippo-Tip, restaient abassourdis devant pareille audace ; ils s'approchèrent de Stanley et s'efforcèrent de le faire renoncer à ce téméraire projet ; ils lui parlèrent de cataractes, de cannibales, de tribus guerrières, et lui prédirent que cette aventure se terminerait par une mort certaine, la sienne et celle de tous ceux qu'il entraînait avec lui.

Stanley les écouta, mais rien ne put modifier sa décision : elle resta inébranlable ; et cette attitude énergique produisit un tel effet sur le moral des nègres et sur les Arabes eux-mêmes que personne ne s'en alla. Et quand l'intrépide explorateur s'embarqua avec sa troupe, malgré l'hostilité des peuplades riveraines à qui il fallut livrer des combats acharnés, tout le monde le suivit. Il divisa alors la colonne en deux : une partie des hommes prit la route du fleuve dans les canots escortant le *Lady Alice ;* l'autre marchait le long de la rive ; toutes deux restaient en vue l'une de l'autre pour se prêter assistance, et, le soir venu, on formait un camp général sur la terre ferme.

Les riverains furent tellement épouvantés de l'arrivée de ces étrangers dans les eaux du Congo, qu'ils commencèrent par déserter en masse leurs villages où tout trahissait, du reste, une indescriptible panique : les portes des huttes étaient ouvertes, on y trouvait des vivres en abondance, et certainement les lieux étaient occupés peu d'instants auparavant, car, parfois, on y voyait encore un vieillard, une vieille femme qui n'avaient pas eu la force de fuir assez vite, et qui, croyant leur dernière heure venue, ne fournissaient qu'en tremblant les quelques renseignements qu'on leur demandait. Ce qui résultait de plus clair de cette situation, c'est que les indigènes, cachés aux alentours dans la jungle, n'attendaient qu'un moment propice pour fondre sur l'expédition et exterminer les imprudents voyageurs.

Mais ce ne fut là qu'un prélude. Bientôt, les naturels s'enhardirent, attaquèrent Stanley sur le Congo même, et, dès lors, il n'y eut moyen d'avancer qu'en se battant à tout moment, et souvent il fallut livrer plusieurs combats dans une seule journée.

Le 8 décembre, l'expédition était campée sur la rive droite du fleuve, quand le son des tambours et des trompes de guerre retentit bruyamment aux alentours, et peu de temps après, quatorze grands canots chargés de gens armés se rangèrent en ligne de bataille devant l'endroit où se trouvait Stanley; les sauvages lui crièrent alors de venir combattre au milieu du fleuve. Mais, sur les ordres de l'explorateur, les interprètes répondirent que l'on ne possédait qu'un seul bateau et cinq canots chargés de malades, qu'on n'était pas venu avec l'intention de guerroyer, et qu'on ne se battrait point.

Cette déclaration fut accueillie par des rires méprisants, et, un instant après, les quatorze pirogues se précipitèrent au bruit des hurlements de ceux qui les montaient. Stanley disposa ses gens sur la rive et attendit. Quand les barques ennemies ne furent plus qu'à une trentaine de mètres, la moitié des hommes qui s'y trouvaient commencèrent à lancer des flèches empoisonnées, les autres continuèrent à pagayer vers la berge; au moment où, croyant qu'on ne leur tiendrait pas tête, ils allaient aborder, Stanley commanda le feu à trente fusils; l'effet fut superbe : l'ennemi recula à plus de cent cinquante mètres, mais il continua la lutte.

Alors, recommandant à ses hommes de ne pas discontinuer leur tir, Stanley s'embarqua sur le *Lady Alice* avec un équipage de choix, et, accompagné de Tippo-Tip, il s'élança au milieu du fleuve. En voyant arriver le bateau, les sauvages poussèrent de féroces cris de joie ; mais leurs acclamations furent de courte durée, car à une distance de vingt-cinq brasses, Stanley commença sur eux une fusillade des plus meurtrières ; chaque coup portait, les canots sombraient lamentablement, et, au bout de cinq minutes, le combat avait cessé.

Cependant Stanley n'était pas rassuré sur le sort de la division qui marchait à pied le long de la rive sous le commandement de Frank, et qui n'avait pas paru depuis deux jours ; il remonta donc le fleuve avec le *Lady Alice* et, voyant une embouchure de rivière, il y entra et trouva la colonne en train de chercher un gué; il apprit qu'elle s'était égarée, qu'elle avait dû combattre, qu'on lui avait tué un homme et blessé grièvement quatre autres.

Deux jours après, c'était en plein campement que l'on était attaqué. Déjà, le terrain que l'on avait déblayé sur une cinquantaine de mètres autour du camp était envahi par les sauvages qui, ayant vu débarquer les voyageurs, croyaient que c'était la peur qui les tenait éloignés du fleuve. Engagée d'aussi près, la lutte devint bientôt effrayante : des centaines d'indigènes se ruaient ensemble sur la palissade, jetant des lances avec une force mortelle; repoussés, ils revenaient à la charge avec une telle rage, que les canons des fusils touchaient presque leurs poitrines.

Les cris, les hurlements, les acclamations, les éclats de trompe, les volées de mousqueterie, les défis des combattants, les gémissements des femmes, des enfants, des blessés, formaient un mélange de bruits affreux à jamais ineffaçables pour qui a assisté à ces scènes de carnage.

Ce combat désespéré durait depuis deux heures, quand le soleil se coucha. A plusieurs reprises, quelques-uns des Zanzibarites épouvantés furent sur le point de lâcher pied, d'abandonner la partie et de regagner les canots; mais Frank et le brave Oulédi les ramenaient à l'estacade, en les poussant de la crosse et du canon de leurs fusils.

A la chute du jour, l'ennemi s'éloigna; mais l'alarme, sonnée par des trompes d'ivoire et grossie par les échos de la forêt, s'entendait toujours; et de temps à autre une flèche sifflait dans l'air et venait se planter en tremblant dans les arbres ou passait par-dessus les têtes des voyageurs.

Vers onze heures du soir, une forme obscure se détacha du fourré et s'avança en rampant; Stanley alla trouver Oulédi qui était de garde, et lui dit de tâcher de s'emparer de l'inconnu dont la silhouette indécise se détachait sur le sol; les mouvements de cette masse rappelaient ceux d'un crocodile qui va saisir sa proie. Tout à coup Oulédi fit un bond et retomba sur le corps du sauvage; mais un bruissement du fourré annonça que d'autres venaient à la rescousse, le brave n'eut que le temps d'arracher au captif ses lances et de rentrer au camp.

Vouitz! Vouitz! Une grêle de flèches s'abattit alors sur la palissade, trouant les broussailles, perçant les feuilles, frappant les troncs et les branches, pendant que, couchés sur le sol, Stanley et ses hommes balayaient de leurs balles le pied de la jungle voisine.

Le lendemain, on se rembarquait, et

c'était à recommencer plus loin. Toujours le sinistre appel de guerre qui résonnait partout ; on avait beau répéter : *Senneneh* (Paix !), les naturels répondaient par des cris féroces :

— Nous n'avons pas besoin de vous pour amis ! Nous voulons vous manger ! Ouh ! Ouh ! de la viande ! Nous aurons beaucoup de viande ! Ouh ! Ouh ! Ouh !

Et ces cannibales, — car ils le sont tous dans cette région, — se ruaient à l'assaut avec une furie d'autant plus grande qu'ils ignoraient l'usage des armes à feu, et n'en comprenaient pas la puissance. Il faut avoir vu un sauvage en quête de chair humaine, pour s'en faire une idée réelle : le balancement de sa lance en arrêt, le rictus de sa large bouche, ses grandes dents carrées, sa tête hideuse inclinée vers l'épaule dans l'attitude confiante d'un habile lanceur de javelots, son front bas, sa face trapue, sa chevelure épaisse et courte, tout trahit en lui les appétits féroces; il n'y a pas jusqu'à la lance qui ne partage l'air cruel, inexorable de ce sauvage menaçant.

Mais d'autres tracas, d'autres dangers assaillaient encore l'expédition : la petite vérole et la dysenterie faisaient de cruels ravages parmi les gens de Tippo-Tip notamment; plus de cinquante d'entre eux avaient la gale, une vingtaine des ulcères, un grand nombre souffraient de maladie de poitrine, pleurésie et pneunomie; il y avait aussi des cas de fièvre typhoïde; beaucoup se plaignaient de chutes et de douleurs herniaires; bref, il y aurait eu de l'occupation pour une douzaine de médecins; et chaque jour on jetait deux ou trois morts dans les eaux du Congo. Pendant la halte à Kissoui où il y eut combat, deux des favorites de Tippo-Tip et trois jeunes garçons moururent de la petite vérole; certes, la maladie faisait plus de victimes que les flèches empoisonnées et les lances des sauvages.

Aussi, dans l'après-midi du 22 décembre, Tippo-Tip et les autres chefs arabes vinrent exposer à Stanley leur intention irrévocable de retourner à Nyangoué par une autre route; il restait à effectuer huit marches pour compléter celles qui étaient dues de par le traité; mais, sentant que la dose de courage était épuisée, Stanley se décida à relever Tippo-Tip de son engagement et à ne pas exiger ces dernières étapes; d'ailleurs, l'horrible situation des malades, le chiffre des morts, les attaques qui signalaient chacune des marches, enfin la tournure du combat de la veille où les voyageurs avaient failli avoir le dessous, avaient tellement démoralisé les Arabes et les gens de leur escorte, qu'aucune somme d'argent n'aurait pu les décider à continuer le voyage.

En considération des services qu'il lui avait rendus, Stanley remit à Tippo-Tip : une traite de 2,500 dollars, un âne de selle, une malle, une chaîne d'or, trente brasses de belle étoffe, cent cinquante livres de perles, seize mille trois cents cauris, un revolver, deux cents cartouches, et cinquante livres de laiton ; il fit ensuite un cadeau à chacun des chefs arabes, et distribua des gratifications variant de une à cinq aunes d'étoffe à tous les gens de l'escorte.

Quant à ses propres hommes, il les réunit autour de lui, et, exaltant leur courage :

— Mes amis, leur dit-il, prenez votre résolution comme j'ai pris la mienne; pensez que nous voilà aujourd'hui au centre même du continent, et que vous auriez beaucoup plus de dangers et de fatigues à retourner sur vos pas qu'à poursuivre avec moi la route sur les eaux.

Continuons donc le voyage, et, sans chercher d'autre voie, gagnons la mer immense par ce fleuve qui nous y mènera.

Un moment, Stanley avait craint que le découragement des Arabes et de leurs gens n'influençât ses propres hommes ; il n'en fut rien : le lendemain du jour où l'on se sépara de Tippo-Tip, l'explorateur fit l'appel de sa troupe, et constata que les cent quarante-neuf individus de son expédition, hommes, femmes et enfants, lui étaient restés fidèles, et, qu'en dépit de tout, ils persévéraient à aller de l'avant avec lui ; un sentiment de joie et de confiance, tel qu'il n'en avait point ressenti depuis son départ de la côte, lui remplit alors le cœur, et lui donna comme un pressentiment du triomphe final. Il embarqua tout son monde dans vingt-deux canots qui, avec le *Lady Alice*, formaient la flottille de l'expédition, et poursuivit bravement la descente du Congo.

Hélas! chaque jour ramena de nouveaux ennemis, et les mêmes dangers! A tout moment les sauvages barraient le fleuve avec leurs grands canots armés en guerre et il fallait livrer des combats continuels. C'était toujours aussi la même faim de chair humaine qui exaltait ces indigènes :

— Nous mangerons aujourd'hui de la viande des gens du soleil, disaient-ils; Oho! de la viande!

En vain Stanley essayait-il de parlementer avec eux, de leur faire comprendre qu'il les visitait en ami, qu'il les comblerait de cadeaux; rien n'y faisait. Chez les Amou-Nyams, il présenta du bord du navire des bracelets de cuivre et des chapelets de cauris aux sauvages, en leur criant : La paix! La paix! Ils s'en moquèrent; et l'un d'eux, porteur d'un énorme bouclier peint en noir avec de la suie, et se servant de sa lance comme d'un index, répondit :

— Croyez-vous que nous allons renoncer à une telle quantité de viande pour des coquilles et un peu de cuivre ?

Force était de se battre ; et l'on se battait chaque jour, et l'on n'avançait qu'en déblayant la voie à coups de fusil, en semant des cadavres le long du fleuve.

Mais ce n'était pas tout : la nature elle-même allait s'unir aux sauvages pour mettre à l'épreuve le courage et l'intrépidité de l'explorateur.

On était au 4 janvier 1877. Stanley venait de découvrir une grande et large rivière tributaire du Congo, qu'il baptisa Rivière Léopold en l'honneur du roi des Belges, quand, en dessous de l'embouchure de ce tributaire, il remarqua que le Congo se contractait d'une manière sensible, et qu'il tournait brusquement à l'est par suite de la rencontre d'une haute colline qui mesurait plus de 300 pieds ; en même temps, sur la rive droite, près du sommet de cette courbe, il vit des roches de granit blanc de six pieds de hauteur, et juste en aval de ces rocs, il entendit un bruit sourd, mais énorme, comme une bataille de chaudrons.

C'étaient les premières cataractes.

Mais, plus puissants que le bruit des chutes, s'élevaient sur les deux rives les cris sauvages des indigènes. Que faire? Virer de bord et s'attaquer résolument à ces cannibales, ou bien affronter la cataracte et ses horreurs?

En attendant, chaque minute était un pas de plus vers la tombe : si l'on évite les couteaux déjà prêts pour l'égorgement, on sera brisé et noyé là-bas! Que faire?

CHAPITRE XII

Traînage des canots. — L'Arouhouimi. — Le Stanley-Pool. — Encore des cataractes. — Mort de Frank Pocock. — Famine. — Salut à la mer !

Stanley opta pour la lutte contre les hommes.

Faisant jeter l'ancre à ses canots, il ordonna de diriger un feu nourri sur les indigènes qui, de la rive, assaillaient l'expédition d'une grêle de flèches; quant à lui, accompagné de quelques intrépides et protégé par ce tir, il opéra un débarquement audacieux, culbuta les sauvages et les repoussa dans les bois. Après quoi il s'établit sur le bord du fleuve à l'abri d'une forte palissade derrière laquelle on pouvait attendre de pied ferme le retour offensif de l'ennemi.

C'est certainement à ce moment-là que l'explorateur eut à accomplir la portion la plus difficile, la plus prodigieuse de son œuvre : contourner les cataractes, traîner ses embarcations à travers les forêts, les relancer plus loin sur le fleuve, tout cela au milieu de populations hostiles qui s'opposaient au passage des étrangers et les attendaient sous les bois pour les exterminer!

Une fois le premier camp établi sur le rivage, Stanley divisa son corps d'expédition en deux bandes : l'une devait travailler de nuit, l'autre pendant le jour; quant à lui, avec un détachement de vingt pionniers, gens d'élite armés de haches et de fusils, il s'enfonça dans la forêt pour ouvrir la voie.

On marquait les grands arbres qui devaient servir de jalons, et, à chaque demi-mille, on construisait un camp de repos; derrière l'avant-garde qui éclairait la route et préparait la halte, venaient les embarcations, traînées chacune par soixante hommes, les uns attelés à des cordes de rotang, les autres qui poussaient. Quand on en avait fini avec un canot, on allait en quérir un second, et ainsi de suite pour les vingt-trois, car l'on ne reprenait la marche que quand toute la flottille était réunie au même point; alors, on avançait d'un demi-mille, on formait un nouveau camp, et ainsi de suite jusqu'à ce qu'on atteignît le fleuve en amont de la cataracte, là, on relançait les bateaux sur leur élément.

Ce fut un travail de Titan.

Des frondes de palmiers desséchées, des bottes de roseaux également sèches, furent enduites de gomme-résine, attachées en guise de falots à de grands arbres et allumées pour éclairer la jungle pendant la nuit.

Cependant, repoussés de la rive, les sauvages s'étaient ralliés et attendaient, embusqués dans les fourrés, le passage des travailleurs.

Il fallut protéger la colonne par des vedettes qui tiraillaient de droite et de gauche contre les assaillants; chaque bosquet, chaque hallier étaient transformés en autant de forts crénelés d'où les naturels lançaient des flèches par centaines; pour atteindre et déloger l'ennemi, on devait avancer à la rampée, se battre dans la jungle, emporter les barricades d'assaut et forcer le passage à coups de fusils; mais les bandes hostiles se reformaient plus loin et le traînage des canots ne put s'effectuer qu'en combattant à toute heure du jour et de la nuit.

Se figure-t-on ce spectacle? Les noirs Zanzibarites que déjà les ténèbres effrayent tant, attelés à des canots, en pleines forêts vierges, et opérant ce travail herculéen à la lueur des torches! Nul ne parle; on n'entend que les respirations haletantes, oppressées de gens qui n'en peuvent plus et qui mettent dans une poussée suprême tout ce qui leur reste de force. Puis tout à coup éclate le cri de guerre des sauvages : la forêt retentit de hurlements sinistres, une grêle de flèches s'abat, lancées par des mains invisibles; mais les défenseurs sont là, qui veillent, les détonations déchirent les airs, les balles sifflent, tous les coups portent, car on se bat corps à corps; alors, c'est un concert de gémissements des blessés et des morts, de vociférations, d'appels lugubres; le passage est forcé, on avance malgré tout, mais l'ennemi a dressé partout des embûches et l'on n'a pas un moment de répit.

Il fallu soixante-dix-huit heures de ces terribles efforts pour contourner une seule cataracte! Et rien qu'en cet endroit, appelé « Chutes de Stanley » (*Stanley Falls*), il y en a une série de sept ! La joie qu'éprouvaient les voyageurs à revoir le fleuve était bien vite éteinte par le bruit sourd d'une cataracte nouvelle qui se trahissait au loin par une ligne blanche d'écume et d'embrun ; alors, ils devaient aborder de nouveau, tirer les bateaux hors du fleuve et les transporter par monts et forêts jusqu'au delà du rapide, au prix de fatigues et de périls sans cesse renaissants.

On doit s'incliner devant la force d'énergie et de volonté qu'il a fallu à un Européen pour obtenir d'une poignée de nègres en pleine Afrique inconnue une telle somme de travail et de courage.

Les cataractes proviennent, on le comprend, du rétrécissement du fleuve, comprimé en cet endroit par les falaises rocheuses des îles et l'escarpement des rives ; ainsi, à un mille en amont des chutes, le Congo a une largeur de douze cents mètres et subitement il se trouve étranglé, forcé de couler dans un canal de quarante mètres, le reste de sa largeur étant occupé par des îles montagneuses et par sa branche maîtresse qui n'a pas cinq cents mètres. A mesure qu'il se contracte, son courant s'accélère, court pendant quelques centaines de mètres avec une vitesse vertigineuse et tombe, d'une hauteur de dix pieds, dans un gouffre où ses eaux bouillonnantes forment des vagues brunes de six pieds de hauteur, qui bondissent et se ruent les unes contre les autres avec une incroyable furie. Et ce fleuve prodigieux s'élance tout entier par cette brèche ! A la dernière des chutes de Stanley, le Congo ne tombe pas, il se précipite : à gauche, cinquante mètres d'eau furieuse, d'un courant irrésistible; à droite, une cataracte de cinq cents mètres de large; en aval, un ou deux milles de chutes, de rapides, de tourbillons qui se dressent pareilles à des collines, et des deux côtés de ces horreurs, les cannibales qui guettent !

Telle fut la vie des voyageurs pendant les trois semaines, du 6 au 28 janvier, qu'ils mirent à accomplir ce labeur ingrat : la lutte avec les *Chutes Stanley*; quand le dernier rapide fut franchi, ils descendirent le courant en toute hâte pour échapper au bruit de ces cataractes maudites qui, depuis tant de jours et de nuits, les assourdissaient de leurs rugissements.

En cet endroit, le Congo s'infléchit à l'ouest-nord-ouest, et coule entre des rangées de collines, où des bois, impénétrables à la clarté du jour, étendent leur ombre, aussi épaisse que celle du soir. On se retrouve dès lors sur un fleuve magnifique, dont les eaux calmes semblent pleines de promesses; les terribles incidents des dernières semaines n'ont abattu personne : l'espoir, ce rêve de l'homme éveillé, renaît au cœur de chacun; sortis vivants de la lutte, pouvant encore admirer la nature, Européens et Zanzibarites, tous se trouvent suffisamment récompensés, et une étrange élasticité se fait sentir dans tout leur être.

Les bateliers chantent leurs plus entraînantes barcarolles dont les membres de l'expédition répètent avec enthousiasme les refrains joyeux; hommes, femmes, enfants s'entretiennent dans cette insouciante ardeur, dans cet entrain qui fait leur force; car, avec leur caractère, si le temps de réfléchir leur était laissé, ils s'abandonneraient à l'inquiétude, à la tristesse, se rappelleraient ceux qui ont succombé là-bas, et penseraient qu'un sort pareil les attend.

Mais, hélas! ce calme fut de courte durée : la lutte contre les éléments étant pour l'instant terminée, restait la lutte contre les hommes; et ceux-ci ne firent point de trêve.

Depuis le 23 novembre jusqu'au 29 janvier, on avait déjà livré vingt-quatre combats : tantôt les indigènes barraient le passage avec leurs canots; tantôt, il refusaient de vendre des vivres, et alors, on enlevait d'assaut un village pour ne pas mourir de faim. Dans ces luttes, Stanley avait ramassé soixante-cinq grands boucliers, pareils à des portes, qui rendaient à l'expédition de bien précieux services : dès que commençait un combat sur le fleuve, ces boucliers étaient dressés devant les tireurs par les femmes, par les enfants et par les non-combattants; à l'abri de ce rempart, les gens de Stanley restaient calmes et confiants, de sorte que les quarante-trois fusils qu'on possédait étaient plus efficaces que ne l'auraient été cent cinquante carabines découvertes. Protégés de la même façon, les timoniers pouvaient gouverner habilement pendant l'action sans crainte des lances et des flèches qui pleuvaient autour des embarcations.

On commençait à être réellement las de guerroyer chaque jour; l'épreuve durait depuis trop longtemps; ce n'était pas seulement de la fatigue qu'on éprouvait, mais on se sentait aigri par cette inimitié incessante; aucun repos pour ces infortunés : l'homme les repoussait, la forêt même les rejetait, car elle n'offrait rien qui pût servir à leur subsistance. Stanley pensa voyager de nuit; mais savait-on ce qu'il y avait en aval? On pouvait s'abîmer d'un seul coup au fond d'un rapide; et à qui demander des détails sur la route, alors que tout ce qui avait forme humaine hurlait de rage et brandissait des lances à la seule approche des étrangers?

C'est dans ces conditions que l'on arriva au point confluent du Congo avec son grand tributaire nord, la rivière Arouhouimi, dont l'embouchure a une largeur de trois kilomètres. Stanley voulut en visiter les rives; mais à peine est-il entré dans la rivière que de tous les côtés apparaissent au loin des canots ennemis, dont les équipages poussent de grands cris et sonnent de la trompe avec force. Bientôt les voyageurs sont frappés d'un spectacle qui fait tressaillir toutes leurs fibres, et éveille non seulement l'intérêt le plus vif, mais aussi les plus grandes appréhensions : une flottille de canots, dépassant par le nombre et l'énormité tout ce que l'on avait rencontré jusqu'alors, fondait sur l'avant-garde de l'expédition.

Le *Lady Alice*, commandé par Stanley, a pris position à cinquante mètres en avant des autres bateaux; Frank, avec l'*Océan*, est sur le flanc droit; la gauche est protégée par un autre canot, le *London*, monté par un équipage d'élite; entre eux sont massés les vingt embarcations toutes armées en guerre, femmes et enfants tenant les grands boucliers devant les tireurs pour les protéger.

La force navale des ennemis est imposante. Elle compte cinquante-quatre grands bateaux. La marche est ouverte par un canot monstrueux, portant sur chaque bord quarante rameurs qui pagayent debout et à l'unisson, au rythme d'un chant barbare. A l'avant, sur une sorte de plate-forme, se tiennent dix jeunes guerriers coiffés des plumes caudales du perroquet gris à queue rouge ; à l'arrière, huit hommes gouvernent l'embarcation avec de longues pagayes, décorées de boules d'ivoire.

Entre les deux rangs de rameurs, dix personnages qui paraissent des chefs, exécutent une danse guerrière. Tous les bras portent de brillants anneaux d'ivoire, toutes les têtes sont couronnées de plumes; de l'avant du canot tombe une frange épaisse faite de fibres d'hyphéné, qui traîne dans l'eau.

C'est un spectacle d'une grandeur inouïe.

Le bruit éclatant des énormes tambours, celui de cent trompettes d'ivoire, le chant strident de deux mille voix humaines, tout annonce un combat colossal.

Stanley se tourna vers ses hommes:

— Soyez fermes comme des rocs, crie-t-il; attendez la première lance; après cela tirez, mais visez juste; ne faites pas feu tous ensemble, gardez votre coup jusqu'à ce que vous soyez sûr de votre homme. Ne songez pas à la fuite elle est impossible; vous n'avez de salut à attendre que de vos fusils.

A cet instant, le canot monstre fond sur le *Lady Alice*, comme s'il le voulait couler. Arrivé à cinquante mètres, il se détourne; quand il est par le travers, les guerriers de l'avant décochent une bordée de lances, tandis que les pagayeurs se couchent; une vive fusillade les accueille; la fumée masque un instant toute la scène; quand elle se dissipe, on peut voir l'ennemi se reformer à cent brasses en amont.

Le sang de Stanley bouillonne. Pour la première fois, assure-t-il, il se sentit haïr ces goules hideuses qui l'attaquent. Il fait lever l'ancre et les poursuit près de la rive jusqu'à un détour de la berge; une pointe est doublée; voici les villages; les ennemis abordent. Stanley aussi gagne la rive, débarque, et alors, c'est une bataille en règle dans les rues, une tuerie abominable, car les sauvages ne veulent pas se décider à lâcher pied; enfin, ils sont chassés dans les bois, on fait sonner la retraite, et Stanley donne à ses hommes un repos qu'ils ont bien gagné.

On continua donc à descendre le fleuve; mais jour et nuit, sur les deux rives, on n'entendait que le roulement du tambour, les clameurs des olifants qui appelaient les populations aux armes; les voyageurs étaient épuisés : tel, un cerf, après avoir plusieurs fois échappé aux chiens, à bout de forces et de stratagèmes, inondé de sueur, perçoit de nouveau les aboiements de la meute acharnée à sa poursuite, et, de guerre lasse, tombe et meurt. Il n'y avait pas trente hommes qui n'eussent reçu au moins une blessure; sans doute, pensaient-ils tous, un jour ou l'autre nous nous coucherons désespérés, tendant la gorge aux cannibales comme les agneaux aux bouchers.

Le trente-unième combat, livré contre les Bangalas, fut pour Stanley une révélation : pour la première fois, il rencontrait sur le fleuve des sauvages armés de fusils, et tirant, non avec des balles, mais avec des lingots de plomb; c'était un redoublement de danger, mais c'était aussi l'indice qu'on approchait de la côte ou d'un endroit où se trouvaient des factoreries européennes.

C'est là, d'ailleurs, que cesse la région réellement hostile; après le trente-deuxième combat, qui fut le dernier, l'expédition arriva à la grande expansion lacustre du Congo que l'on nomma plus tard Stanley-Pool, vaste étang qui occupe un espace de trente milles carrés. Dès lors, l'immense pays sauvage que l'on venait de percer au moyen du plus grand cours d'eau de l'Afrique, se présente sous des couleurs moins sombres : plus d'attaques furieuses d'indigènes, plus de combats désespérés; le trafic avec les comptoirs européens a fait perdre aux naturels leur férocité native : ils ne ressentent plus, à la vue des étrangers, la fureur des bêtes de proie.

Mais si ce péril-là est écarté, reste la colère du fleuve qui réédite en ces lieux les horreurs de ses effrayantes cataractes. A partir du Stanley-Pool, ce n'est plus ce cours d'eau majestueux dont la beauté mystique, la noble grandeur, le flot calme et ininterrompu sur une distance de 1,450 kilomètres, avaient eu pour les voyageurs un charme irrésistible en dépit de la férocité des tribus qui hantent ses bords; non, c'est un torrent furieux, roulant dans un lit profond obstrué par des récifs de lave, des projections de falaises, des bancs de roches erratiques; traversant des gorges tortueuses, franchissant des terrasses et tombant en une longue série de chutes, de cataractes et de rapides; après les trente-deux combats contre les sauvages, recommençait la lutte avec le Congo, dans la profonde et large déchirure qui, des hauts plateaux, descend vers l'Atlantique.

Cette partie du fleuve est terrifiante. Que l'on s'imagine un bras de mer de quatre milles de long sur un demi-mille de large, secoué par un ouragan, et l'on se fera une idée assez juste des vagues énormes qui tourbillonnent dans cet abîme. Quelques-uns des entre-deux des lames ont cent mètres de longueur, et, de l'un à l'autre, le fleuve se précipite avec frénésie. D'un premier élan, il tombe au fond d'un creux immense; puis, par la force acquise, l'énorme volume d'eau se relève à pic, réunit ses flots en chaîne continue et s'élance d'un jet à vingt ou trente pieds de hauteur avant de s'écrouler dans une nouvelle auge. Partout, en amont et en aval, des vagues formidables, des croupes, des collines bondissantes, se résolvant en écume et en embrum, des montagnes liquides se bousculant avec rage, tandis qu'un ressac furieux enveloppe la base des deux rives formée d'une ligne de quartiers de roches empilés les uns sur les autres; tout cela se heurte en un fracas étourdissant, qui ne se peut comparer qu'au tonnerre d'un train express passant sous un tunnel.

Stanley fut donc contraint de recommencer en cet endroit le portage de ses canots; et si, cette fois, il n'eut pas à repousser les attaques des indigènes, en revanche, les difficultés de ce travail s'accrurent notablement en raison de la nature même du pays : car là, il ne s'agissait pas de traîner les canots à travers les forêts, mais bien de les hisser par delà les montagnes, pour contourner cette nouvelle série de cataractes.

Et l'effort fut immense.

C'est à ce moment-là que périt le dernier Européen qui accompagnait Stanley, l'infortuné Frank Pocock. Contrairement aux instructions qui lui avaient été données, il voulut franchir en canot le rapide de

Massassa, et, bien que très habile nageur, il fut englouti dans les eaux tourbillonnantes du fleuve; les nègres, qui montaient l'embarcation et qui furent eux-mêmes projetés au loin, firent tout pour le sauver; mais en vain.

Quand Oulédi, le fidèle et intrépide nautonier, accourut tout ruisselant annoncer à Stanley cette catastrophe, l'explorateur en resta atterré :

— Ah ! Oulédi ! Oulédi ! cria-t-il. Si tu l'avais sauvé, j'aurais fait de toi un homme riche !

— Notre destiné est entre les mains de Dieu ! répondit d'une voix faible et brisée le brave matelot dont les actions d'éclat ne se comptaient plus, et qui déjà avait arraché à la mort plus de vingt membres de l'expédition.

Cette perte fut cruelle pour Stanley. Un sort fatal semblait décidément poursuivre tous les blancs qui s'associaient à sa fortune, et il était écrit que de tous les Européens de cette mémorable entreprise, lui seul jouirait des honneurs du triomphe.

A quelques jours de là, fatigué de lutter contre le fleuve, et ayant acquis, du reste, la certitude que quelques journées seulement le séparaient de la côte, Stanley se décida à terminer à pied les dernières étapes de son voyage. Il avait, en somme, atteint son but : le Congo était découvert !

Le 31 juillet, au coucher du soleil, on lança dans la cataracte d'Issannghila le *Lady Alice*, ce brave bateau qui avait traversé l'Afrique, et l'expédition poursuivit par voie de terre le trajet qui lui restait à franchir.

Mais hélas ! le destin n'était pas encore fatigué d'éprouver ces courageux lutteurs ; une torture restait à leur infliger : la faim ; ils la connurent dans toute son horreur. Le pays était pauvre, le sol n'était guère cultivé, et les naturels refusaient de rien vendre à moins qu'on ne leur donnât du rhum en échange; demander du rhum à des gens qui viennent de traverser l'Afrique, amère dérision !

Désespéré cette fois, Stanley s'arrêta; il écrivit en trois langues un appel suprême au premier Européen qui le recevrait, et envoya trois hommes d'élite porter cette lettre n'importe où; quant à lui, il stoppa avec le gros de la caravane; et, preuve convaincante de la contagion du courage, pas une plainte ne sortit de la bouche des pauvres affamés; ils se jettèrent sur le sol, épuisés; mais, sans s'irriter, sans gémir des tortures qui leur déchiraient les entrailles, ils demeurèrent mornes et résignés, à l'ombre avare de quelque acacia rabougri. De temps à autre, le vagissement d'un nouveau-né et la voix grêle d'une nourrice mourrant de faim arrivaient seuls à l'oreille; mais les adultes restaient immobiles, comme sans vie, chacun recroquevillé dans sa propre souffrance.

Enfin, le ciel mit un terme à ces tourments. Les courriers revinrent; ils avaient trouvé des Européens à Boma, ils rapportaient des vivres, une foule de bonnes choses, et surtout l'heureuse nouvelle qu'on n'était plus qu'à quatre marches de l'Océan.

C'était vrai.

Le 9 août 1877, neuf cent quatre-vingt-dix-neuf jours après son départ de Zanzibar, l'expédition atteignait Boma où elle rencontrait les premières factoreries européennes; et le 11 août, elle saluait le large portail que lui ouvrait l'Océan, bleu domaine de la civilisation.

Le plus grand problème géographique du XIXe siècle était résolu : le cours du Congo était déterminé.

Mais à quel prix! En quittant Zanzibar,

la colonne d'exploration comptait quatre Européens et trois cent soixante-six individus de race noire : en atteignant le but du voyage, elle était réduite à cent neuf personnes, dont un seul homme blanc, Stanley.

Avant que de jouir du fruit de ses travaux, Stanley voulut accomplir un devoir sacré, celui de rapatrier les survivants de son expédition : s'embarquant avec eux sur un navire anglais, il doubla le cap de Bonne-Espérance où une série d'ovations fêtèrent les voyageurs, et arriva à Zanzibar où il rendit à leur patrie les braves Africains qui l'avaient aidé et accompagné dans sa course *A travers le Continent Mystérieux*.

CHAPITRE XIII

Retour au foyer. — Le roi des Belges. — Projets ambitieux. — Vivi. — Les chutes Livingstone. — Une route en Afrique. — Savorgnan de Brazza. — Le Stanley-Pool. — Victoire de la France.

Au foyer de Denbigh, dans la petite maison silencieuse, la mère attend depuis de longues années le retour de l'enfant unique qu'elle chérit si tendrement et que la destinée lui a toujours ravi. Elle a bien vieilli depuis le jour où elle pleura le départ du petit mousse! Et maintenant qu'au cœur de l'Afrique inconnue, privé de toutes communications avec l'Europe, Stanley a cessé de donner de ses nouvelles, la pauvre femme est en deuil. En vain lui parle-t-on de la gloire dont se couvre son fils : que lui importe la gloire, à elle? Qu'on lui rende son enfant!

Mais elle n'espérait plus. Le Minotaure africain dévorait l'un après l'autre tous ceux qui l'approchaient; et, téméraire comme il l'est, Henry, pensait-elle, aura trouvé la mort là-bas.

Un jour, que tristement elle allait et venait par la maison déserte, la porte s'ouvrit tout à coup : son fils était dans ses bras.

C'était bien lui. Et pourtant, quels ravages sur ses traits! Cet homme qui, trois ans auparavant portait fièrement sa jeunesse et ses cheveux bruns, elle le revoyait vieillard, la tête grise, les traits émaciés, le corps courbé par la souffrance et la fatigue. Mais les soins, l'amour maternel, la joie du triomphe, tout cela va le rétablir; et tout bas, la mère se disait à part elle : « Ces souffrances, ces périls « l'auront enfin dégoûté de la vie d'aven-

« tures; cette fois, mon fils me res-
« tera. »

Il n'en fut rien.

Cinq mois après son retour, et la dernière main étant mise à ses relations de voyages, Stanley partait pour Bruxelles où le mandait le roi des Belges, président de l'Œuvre africaine; et il jetait avec le futur souverain du Congo les bases premières de ce qui allait être la troisième phase de ses travaux en Afrique : la fondation d'un Etat nègre.

L'Association internationale africaine fonctionnait en réalité depuis 1877. A ce moment-là, Stanley se trouvait en Afrique, la grande artère du Congo était encore dans les limbes, et l'on avait adopté pour programme, pour itinéraire, la route qu'avait suivie le seul voyageur qui jusque-là avait traversé de part en part le noir continent, la route de Cameron; c'est par ce motif que tant d'efforts furent dépensés en pure perte à la côte orientale d'Afrique[1] !

Mais quand Stanley vint révéler au monde géographique l'existence de ce fleuve géant qui coupe l'Afrique équatoriale dans toute sa largeur, on mesura vite à Bruxelles l'importance de cette découverte au point de vue de la poussée qu'on projetait là-bas; *les fleuves sont de grands chemins qui marchent*, a dit Pascal; pour drainer la civilisation et le commerce, quelle voie meilleure que les eaux du Congo?

Aux flancs de l'Association internationale africaine qui eut l'humanité seule pour drapeau, se greffa donc le *Comité d'Étude du Haut-Congo,* entreprise mercantile et pratique dont la genèse fut cachée avec soin afin de ne point éveiller la convoitise des autres nations; mais

[1] Voyez : *Les Belges dans l'Afrique centrale*, par Ad. Burdo.

ceci tua cela : telle la pousse luxuriante en aspirant les sources de la vie finit par appauvrir et épuiser l'arbre généreux dont elle est sortie.

Pour la troisième fois, Stanley reprit donc son essor vers l'Afrique : le roi Léopold le nommait agent général du Comité d'Étude du Haut-Congo, avec mission de créer des postes sur le fleuve, d'y acquérir des terrains, d'y passer tous contrats avec les indigènes, et de se rendre maître, en un mot, de ces vastes territoires, pour y édifier à l'heure propice un Etat colonial relevant de la couronne de Belgique.

L'entreprise dura cinq ans. Elle fut pacifique; on s'étonna même de voir que Stanley, si malmené par les indigènes lors de son grand voyage, ne fut pas contraint cette fois de livrer un seul combat; l'explication en est pour tant bien simple : on a vu dans les chapitres précédents que des Stanley-Falls à la mer, la descente du Congo s'était effectuée sans attaques de la part des naturels; or, quoiqu'on en dise, ce n'est guère que sur cette seule portion du fleuve que l'Etat Indépendant a pu jusqu'aujourd'hui établir sa suzeraineté; quant à la région qui va des Stanley-Falls aux Grands Lacs, il s'en faut que la possession en soit acquise au nouvel État : on l'a vu récemment, quand les Arabes ont assiégé et incendié la station, en ont chassé les blancs et se sont installés en maîtres dans le pays, refusant même de reconnaître l'autorité de Tippo-Tip, leur ancien chef qui avait fait sa soumission à Stanley.

Cette nouvelle expédition ne fut pas, à proprement parler, une poussée dans l'inconnu, ni même une exploration; elle ne fourmilla pas non plus, comme les précédentes, en épisodes émouvants, en découvertes importantes; ce fut plutôt une entreprise commerciale. De plus, l'explorateur qui jadis affrontait le grand fleuve sur l'humble *Lady-Alice*, procéda cette fois avec une flottille de bateaux en acier, mûs par la vapeur; et c'est à la tête d'une légion de Zanzibarites, de Haoussas, de Kabindas que Stanley marcha à la conquête d'un monde nouveau, au nom et avec l'or d'un roi.

En parcourant les grandes lignes de ce travail, nous trouverons avec orgueil la part qui revient à la France dans cette œuvre africaine au Congo ; car, sur la route du succès, Stanley rencontra un rival heureux, l'explorateur français Savorgnan de Brazza.

Pour franchir les 565 kilomètres qui séparent l'embouchure du Congo du point où il devient réellement navigable, c'est-à-dire du Stanley-Pool, un quadruple travail s'imposait à Stanley : de Banana à Vivi, où il se proposait d'établir son quartier général, il pouvait emprunter le fleuve; de Vivi à Issanghila, il devait suivre la voie de terre, à cause des cataractes; d'Issanghila à Manyanga, il lui était possible de naviguer, mais avec de grandes précautions; enfin de Manyanga au Stanley-Pool, la route pédestre s'imposait à nouveau. Mais telle était la ténacité du voyageur anglais, qu'en dépit des difficultés, il parvint à accomplir la tâche géante dont il s'était chargé.

Triste pays, du reste, que ce Vivi, avec son chaos de rocs, ses vilaines broussailles, ses hautes herbes, son aspect froid et inerte! Labeur ingrat que celui d'infuser la vie à cette austère et sombre région que le commerce même avait dédaigné jusque-là! Et pourtant, en moins de cinq mois, Stanley en avait fait un centre important : une route superbe y était construite, et, avec ses cottages d'un blanc immaculé, son chalet visible à longue distance et ses plantations, la station de Vivi, fit l'ornement de ce coin de terre autrefois aride et solitaire. Ce travail achevé, Stanley se remit en marche.

C'est par terre qu'il se rendit à Issanghila; et son ambition était de créer par monts et par vaux une route carrossable qui reliât ces deux points; car, à une dizaine de kilomètres en amont de Vivi, la navigation s'arrête : c'est la région des cataractes baptisées par Stanley *Chutes Livingstone*, et qui sont échelonnées sur un parcours de 380 kilomètres, c'est-à-dire un peu plus de la distance qui sépare Paris de Bruxelles.

La nature a enfanté en cet endroit ce monstre granitique, cette chevauchée géante que l'on appelle la *chaîne côtière de l'Afrique occidentale*; et c'est pour la franchir que le Congo, irrité de cette barrière, tourne, roule, s'élance avec furie sur son lit de rochers nus et devient absolument impraticable.

Ce ne sont, en effet, que terrasses gigantesques, que rapides et cascades; on dirait d'un escalier de Titans, zigzaguant au fond d'un précipice, et dont les trente-deux marches d'inégale hauteur, de largeur inégale aussi, sont taillées dans un bloc de deux cents mètres de haut. Là, roulent dans des abîmes insondables et avec une vertigineuse rapidité, les eaux puissantes de ce grand fleuve qui, en amont des cataractes, mesure seize mille mètres de largeur, alors qu'en cet endroit ses rives se resserrent au point de n'avoir guère plus de quatre cents mètres d'écartement. On peut juger ce que cet étranglement produit de vitesse furieuse, de courants, de tourbillons et de gouffres; tel est le Congo entre Vivi et Stanley-Pool, à l'exception toutefois de la partie qui sépare Issanghila de Manyanga où, à l'aide de baleinières, on peut emprunter le fleuve sur un parcours d'environ cent quarante kilomètres.

Donc, en quittant Vivi, Stanley dut affronter la voie de terre et se frayer une route pour transporter ses vapeurs, son matériel et les ressources de son expédition; outre les Zanzibarites, les Haoussas et les Kabindas porteurs qui convoyaient les objets du campement et les sections des vapeurs, on avait aussi fait l'essai de wagonnets de fer traînés par des mules de trait et par des ânes; et ce ne fut pas mince besogne de diriger pareille colonne à travers les défilés de cette région montagneuse.

Car la route que créa Stanley en cet endroit, — et qui ne resta point praticable, — est frayée au milieu de rochers, dans un terrible cailloutis de quartz; ce ne sont que murailles, crêtes, escaliers gigantesques et nus que dominent des pics abrupts; deçà et delà apparaît un plateau où l'herbe atteint plus de deux mètres de hauteur; puis on traverse un coin de vallée changée en torrent; parfois aussi, les berges des cours d'eau sont presque perpendiculaires et taillées dans le roc; alors, c'est un travail de géant que de décider les mules à franchir ces passages où elles courent risque de se briser les jambes à chaque pas.

Pour vaincre ces obstacles, Stanley ne recula devant rien : il construisit trois ponts, combla une vingtaine de ravins et de gorges aux croisements des chemins, nivela six montagnes, perça deux épaisses forêts de bois dur, et parvint ainsi à établir une route absolument nette sur une étendue de soixante kilomètres; malheureusement depuis lors les mauvais temps sont venus, la végétation tropicale a repris ses droits, et, faute d'entretien, ce chemin tracé au prix de si grands labeurs va s'effaçant de jour en jour, tout comme le maigre sentier de nos caravanes que nous ne retrouvions plus six mois après l'avoir ouvert à coups de hache.

Du reste, sur tout ce parcours, on ne rencontre que de rares indigènes chasseurs et de chétifs villages; cette région montagneuse est pauvre, peu peuplée, et il est malaisé de comprendre comment Stanley a pu concevoir le projet d'établir un jour une voie ferrée dans une contrée aussi dépourvue de tout ce qui fait la richesse et le développement d'un pays.

Enfin l'expédition atteignit Issanghila, où l'on voit les plus belles cataractes du Congo inférieur; rien ne peut rendre la majesté et l'horreur de ce spectacle : resserré dans une barrière de granit, le fleuve colossal se rue tout d'une volée sur les rocs dont son lit est hérissé; il tombe en cascades, se cabre devant l'écueil et, tout empanaché d'écume, se brise en rugissant contre l'obstacle qui l'arrête; puis, avec une rapidité vertigineuse, il file entre les îles rocheuses en creusant partout des tourbillons et des gouffres.

En amont d'Issanghila, la navigation redevient possible, mais elle exige des précautions infinies, et ce ne fut qu'à l'aide de baleinières que l'expédition put gagner Manyanga; puis, au delà de ce point jusqu'au Stanley-Pool, le fleuve redevient impraticable et Stanley dut emprunter de nouveau la voie de terre. En cet endroit la nature a amoncelé de telles barrières de granit, qu'il parut impossible aux indigènes que l'explorateur parvînt jamais à traîner ses navires et ses wagonnets au faîte des montagnes pour contourner les cataractes; aussi, le jour du départ de la colonne, on vit s'enfuir tous les naturels des alentours qui, persuadés qu'un acte de sorcellerie allait s'accomplir, s'écriaient avec angoisse : « L'homme blanc va faire voler ses marins et ses bateaux par delà les rochers ! Le monde va périr ! »

Cependant, à l'heure où Stanley, à la tête de cette brillante et nombreuse expédition accomplissait pareils tours de force, véritables défis lancés à la nature, un lieutenant de vaisseau de la marine française, pour qui déjà l'Afrique n'était plus une inconnue, s'apprêtait à lutter de vitesse avec le célèbre explorateur anglais.

J'ai nommé Savorgnan de Brazza.

Lorsque le roi des Belges engagea Stanley au service de ses projets au Congo, de Brazza comprit le danger que cette entreprise allait faire courir à la France tant dans ses intérêts politiques que dans son essor colonial : détourner du bassin de l'Ogooué le commerce de l'Afrique équatoriale, tel était le but évident de Stanley ; c'était enlever à la colonie française du Gabon son avenir politique et son importance commerciale; de Brazza résolut de conjurer ce péril.

Pour cela, il n'y avait qu'un seul moyen : s'emparer avant Stanley de la clef du Congo, du Stanley-Pool, où le fleuve devient navigable; s'établir sur la rive droite qui commande les routes de l'Ogooué, de l'Alima, des excellents territoires du nord, et rejeter l'entreprise du roi des Belges sur la rive sud et dans la région montagneuse des cataractes.

C'était hardi et logique. Etait-ce praticable?

Pour en juger, il faudrait redire les difficultés inouïes qu'eut à surmonter le vaillant explorateur français; ailleurs, j'ai relaté les péripéties poignantes de cette course à travers l'Afrique inconnue, de ce steeple-chase vers le Congo[1] : d'un côté, Stanley avec sa puissante organisation, ses vapeurs en acier, ses légions de

[1] *Voyages de Savorgnan de Brazza*, par Ad. Burdo.

soldats et de travailleurs; de l'autre, de Brazza, avec une poignée de Sénégalais et un bien modeste subside!

Aussi, quand pour la première fois il rencontra son rival au Congo, on se rappelle de quel ton dédaigneux Stanley parla de ce Français, de « ce mendiant amaigri qui allait pieds nus et sans ressources ».

Oui, mais ce gueux portait sous sa vareuse en loques le drapeau de la France, levier bien autrement puissant que les trésors d'un roi!

Il y avait de nombreux jours que l'expédition Stanley avait quitté Manyanga, traversant six bras de rivières, une foule d'affluents et de marécages, franchissant toute une chevauchée de monts audacieux qui se succédaient comme le moutonnement de la mer. Ce matin-là, gravissant péniblement une colline abrupte, Européens, Zanzibarites et Congolais, tous paraissaient absolument exténués; on avançait encore et toujours; mais adieu les chants, les rires, les joyeux babils! Sur la caravane planait ce silence lugubre qui dit la fatigue, presque le découragement; depuis deux jours, on espérait arriver, et le but fuyait, fuyait sans fin ni cesse.

La colonne avait atteint le milieu de la colline, quand tout à coup le lieutenant belge qui était d'avant-garde, rebroussa chemin après s'être arrêté un instant sur la crête de la montagne.

— Monsieur Stanley, cria-t-il de loin, je viens de découvrir un lac, un lac immense ; de là-haut on en voit scintiller les eaux au loin, à perte de vue.

Stanley sourit; puis, de cette voix railleuse qui lui est propre mais qu'il s'efforça cependant d'adoucir :

— Lieutenant, répondit-il, je le regrette

pour vous, mais ce lac que vous croyez avoir découvert, je l'ai baptisé il y a deux ans; je lui ai donné mon nom, c'est le Stanley-Pool.

Pendant que les Européens devisaient de la sorte, la caravane poursuivait sa marche avec un nouvel entrain, et bientôt elle atteignit le large plateau rectangulaire qui couronne cette hauteur; arrivés là, les voyageurs purent contempler un tableau merveilleux dont les indigènes eux-mêmes semblaient goûter l'ivresse.

Mollement couchée au pied de la montagne et se chauffant au soleil des tropiques, une vaste nappe d'eau s'étendait à l'infini, entourée d'une ceinture d'un vert d'émeraude qui ne se flétrit jamais; au couchant surgissait des monts audacieux tapissés d'épaisses forêts, et, dans ce superbe cadre, s'empourprant aux rougeurs du matin, l'onde scintillait gaîment comme un flot d'or.

On était arrivé devant la large expansion que forme le Congo à l'endroit où, en amont, il devient navigable sur une étendue de 1,700 kilomètres, c'est-à-dire sur toute la largeur du centre africain. Ce bassin, d'une forme irrégulièrement ronde, mesure plus de 300 kilomètres carrés, et son altitude est de 352 mètres au-dessus du niveau de la mer. Sur cette immensité qui représente le triple de la superficie du lac de Genève, apparaissent une foule de bancs de sable et d'îles couvertes de papyrus et de mangroves aux rameaux décharnés, trempant leurs racines dans l'eau comme les pattes de monstrueuses scarabées; puis deçà et delà des bouquets de *palmiers borassus* à la luxueuse frondaison.

Cependant Stanley s'était arrêté, et, de son œil interrogeant ces vastes solitudes qu'il avait traversées en 1877 comme un flamboyant météore, son cœur se gonfla d'un légitime orgueil à l'idée qu'il allait en prendre possession.

Soudain, son regard s'assombrit; un profond sillon creusa son front : là-bas, à l'horizon, sur la rive droite du Pool, il venait d'apercevoir quelque chose d'étrange, comme un drapeau qui s'agitait sous la brise...

Il s'élance, et derrière lui toute l'expédition se presse anxieuse, car l'inquiétude du chef a gagné tout le monde.

Parvenu à une faible distance de l'objet qui avait attiré son regard, Stanley s'arrêta de nouveau; il pâlit, et, de la main montrant au lieutenant belge la bannière qui flottait devant eux :

— Le drapeau français! murmura-t-il.

C'était vrai.

Et déjà, sur le seuil d'une hutte bâtie à la hâte et devant laquelle était planté un mât de pavillon, apparut une escouade de soldats sénégalais ayant à leur tête le brave sergent Malamine.

Le Stanley-Pool, la clef du Congo navigable, était officiellement occupé !

Dans ce steeple-chase vers l'inconnu, Savorgnan de Brazza, le champion français, venait d'arriver bon premier; et, prenant possession de ce territoire vierge qu'arrose un fleuve géant, il y avait planté le drapeau de la France.

CHAPITRE XIV

Léopoldville. — Sur le Haut-Congo. — Les razzias d'esclaves. — Affreux spectacles. — Retour en Europe. — La conférence de Berlin. — Fondation d'un Etat. — L'heure du triomphe.

La rive droite du Congo étant occupée par la France, Stanley fut donc forcé de se rejeter sur la vive gauche où il fonda Léopoldville, la future capitale de l'État Indépendant du Congo. Toutefois ce ne fut pas sans peines que l'agent du Roi des Belges parvint à s'établir dans cette région où règne Ngalyema, parent du célèbre Makoko; il y réussit néanmoins, car, à son énergie indomptable, Stanley joint une grande finesse, beaucou d'habileté, et cela lui servit à souhait, en cette occurrence.

Une fois Léopoldville fondée, il poursuivit le cours de ses explorations, et c'est à ce moment-là, qu'ayant suivi le fleuve Koua, gros affluent du Congo, il découvrit un lac superbe, mèsurant plus de 1,300 kilomètres carrés, qu'il baptisa lac Léopold II; c'est également à cette époque que ses forces commencèrent à le trahir : coup sur coup, il eut de tels accès de fièvre, qu'il se décida à rétrograder, à revenir en Europe, laissant son commandement à M. Peschuel-Lœche, un Allemand que le roi des Belges venait d'envoyer comme agent supérieur au Congo.

On se souvient de l'accueil bienveillant que Stanley reçut à son retour; en France comme ailleurs, chacun rendait hautement justice à la grandeur de ses travaux, à la persévérance de ses efforts. Malheureusement, aigri peut-être par le souvenir du drapeau tricolore qui l'avait devancé et arrêté au Stanley-Pool, l'explorateur anglais ne sut pas toujours maîtriser sa mauvaise humeur; et les paroles maladroites, voire discourtoises, qu'il laissa échapper à certains banquets, furent la cause première de la tension de ses rapports avec les représentants de la France au Congo.

Stanley ne demeura cette fois que peu de temps en Europe; le 14 novembre 1882, il était de nouveau en face du Congo, où il retrouva dans un état lamentable l'œuvre qu'il avait si laborieusement édifiée. Le personnel européen avait lâché toute espèce de discipline : certains agents étaient rentrés dans leur pays, d'autres s'occupaient de travaux auxquels ils n'étaient pas appelés et délaissaient leur propre ouvrage; bref, l'anarchie régnait dans tous les services et, sans une main énergique, l'entreprise eût peut-être sombré à ce moment critique. Stanley réussit à rétablir l'ordre et, cela fait, il se dirigea vers le Haut-Gongo où il fonda une nouvelle station à Bolobo, chez les Byanzis, l'un des grands centres du commerce d'ivoire de la région équatoriale.

L'établissement de tous ces postes avait donc ramené Stanley au cœur du continent noir, car la station de l'Équateur dont il jeta alors les fondements, est à 1,200 kilomètres de la mer; toutefois, l'explorateur résolut de pousser plus avant encore et de porter ses travaux jusqu'aux Falls, c'est-à-dire jusqu'à cette série de cataractes qu'il nomma « *Chutes de Stanley* » et où, lors de son grand voyage il avait livré trente-deux combats; c'est ainsi qu'il arriva sur le territoire des Bangalas qui n'avaient pas oublié, assurait-on, les luttes entreprises contre l'homme blanc six ans auparavant; pourtant sur ces rives, qui, en 1877, avaient été le théâtre de sanglants conflits, l'expédition de Stanley ne rencontra cette fois que des gens hospitaliers qui trafiquèrent volontiers avec les étrangers ; bien mieux, à Iboko, le roi entendit même faire avec l'Européen un traité solonnel d'alliance.

Mais lorsqu'on approcha des *Chutes Stanley* la situation se modifia sensiblement; non pas que l'attitude des indigènes devînt hostile, mais il semblait qu'une calamité immense se fût épandue sur cette contrée que Stanley avait trouvée naguère florissante et peuplée.

Ici, c'était une ville entière brûlée, avec ses palmiers abattus, ses bananeraies ravagées; plus loin pareils à des colonnes fendues et creuses, se dressaient de grands canots dont une des extrémités était fichée en terre; presque pas d'indigènes au milieu de ces ruines; ceux qu'on voyait, accroupis sur la berge, le menton appuyé sur la main, dévisageaient d'un air de stupide indifférence les étrangers qui s'approchaient.

— La cruauté des hommes s'est abattue sur nous, semblaient-ils dire ; nous avons tout perdu, biens, bonheur, espérance; quel mal nouveau pourriez-vous nous faire? Nous avons tant souffert que vous ne sauriez inventer supplices plus cruels.

Stanley donna ordre de les interroger.

Alors, un vieillard, qui paraissait accablé de désespoir, se leva et commença la narration de leurs malheurs.

Le village avait été envahi à l'improviste par une bande d'hommes qui faisaient retentir les ténèbres de leurs clameurs féroces et d'une assourdissante fusillade. Ces démons avaient égorgé tous les habitants qui tentaient de s'échapper des huttes incendiées; pas un tiers de la population mâle n'avait eu la vie sauve, et le plus grand nombre des femmes et des enfants avaient été enlevés et emportés Dieu sait où !...

— Et dans quelle direction ces malfaiteurs se sont-ils éloignés ?

— Ils ont remonté le fleuve. Il y a de cela huit jours.

— Ont-ils incendié tous les villages?

— Tous, sans exception, des deux côtés de la rivière.

— Et comment sont-ils faits, ces hommes ?

— Il ressemblent aux noirs que vous avez sur vos bateaux et sont vêtus d'étoffes blanches. Mais, vous-mêmes, étrangers, que faites-vous ici?... Allez-vous,en! Tous les étrangers sont cruels... Si vous avez besoin d'ivoire, allez-en quérir près des brigands qui nous ont pris tout ce que nous possédions... Faites-leur la guerre, si vous voulez; quant à nous, il ne nous reste plus rien.

Et le vieillard, étendant ses mains calleuses et ridées, ponctuait son discours de gestes d'effroi et de douleur.

On était en face d'un de ces drames qui désolent l'Afrique centrale et qui sont la honte de l'humanité : les razzias d'esclaves.

Ce sont notamment les négriers arabes de Nyangoué qui, à certaines époques, entreprennent ces sanglantes expéditions ; la horde de bandits, — car elle ne mérite pas d'autre nom, — qui venait d'opérer aux abords de l'Arouhouimi, avait mis à sac depuis onze mois une région immense mesurant plus de cinquante-cinq mille kilomètres, peuplée de plus d'un million d'âmes, et où il ne restait que désolation et ruines.

Stanley rencontra ces négriers à une journée de là; ce fut un spectacle inénarrable. Au milieu d'un vaste camp construit sur les bords du fleuve, s'élevaient des rangées de hangars qui couvraient un espace d'une centaine de mètres; de plus, amarrés au rivage cinquante-quatre canots servaient de prisons à toute une cargaison de chair humaine.

Le camp regorgeait d'esclaves. De tous côtés, on voyait des groupes de ces malheureux, immobiles ou errants, silencieux et mornes, dont les grands corps noirs émaciés tranchaient violemment sur les robes blanches de leurs bourreaux; sous les hangars c'était un fourmillement de corps nus, étendus dans toutes les positions : bras, jambes, têtes grouillaient là pêle-mêle ; des petits enfants aux formes naissantes, des fillettes, de jeunes garçons ; puis, deçà et delà un troupeau de vieilles négresses, toutes nues, ployant sous des paniers de charbon ou sous des sacs de cassaves, et qu'on cinglait de coups de fouet pour accélérer leur marche tremblottante.

Beaucoup de ces infortunés étaient chargés de chaînes ; les jeunes gens avaient autour du cou des carcans retenus par des anneaux à d'autres carcans, de sorte que les captifs marchaient par files de vingt ; les enfants de plus de dix ans avaient les jambes entravées par des anneaux de cuivre, les mères portaient des chaînes qui festonnaient leur sein et y maintenaient les enfants en bas âge ; pas un adulte parmi ces prisonniers : tout ce qui pouvait se défendre ou se venger avait été impitoyablement massacré.

De toutes parts, les vestiges de ces déprédations brutales jonchaient le sol ; ce sont des tambours, des lances, des sabres, des coutelas, des sagaies, des arcs, des flèches, des ustensiles en fer, des avirons, des trompes en ivoire, des idoles de bois, des perles, des vêtements de médecins-fétiches, des filets de pêche, des boucliers grands comme des portes de cabane, des paniers, des gourdes, des pots, des outils, des canots, des habits d'herbes sèches ; en un mot, la dépouille complète des villages saccagés, lamentable musée, gisait pêle-mêle avec des tas de provisions, au milieu d'un amas humain.

Ce butin avait une sinistre éloquence et on y pouvait lire les détails du drame lugubre qui avait précédé ces sanglantes rapines. Voyez-vous les bandits se glisser furtivement la nuit dans les villes marquées pour la destruction ; ils s'avancent à pas de loup, au milieu d'un silence profond qu'interrompt çà et là le chant lointain des cigales ou le coassement des grenouilles ; les voilà arrivés ; ils s'élancent sur les cabanes en brandissant leurs torches allumées, partout ils répandent l'horreur de l'incendie et mitraillent les troupeaux de nègres affolés et désarmés que la flamme a arrachés au sommeil et qui ne se réveillent un instant que pour être plongés brusquement dans la mort.

Ces ravisseurs d'esclaves n'avaient plus avec eux que 2,300 captifs sur les 3,000 qu'ils avaient pris : la souffrance, les tortures sans nom avaient fauché à grands coups tout ce qui n'était robuste ; ils avaient enlevé aussi 2,000 défenses d'éléphants et un monceau d'armes, d'ustensiles et de vivres ; pour rassembler pareil butin, ils avaient mis à sac cent dix-huit villages peuplés d'un millier d'âmes chacun ; ils avaient tué 2,500 hommes qui les défendaient, et n'avaient gardé que les femmes et les enfants ; ainsi pour jeter dans les fers un garçon de quatre ans, ils avaient massacré des familles de six personnes !

Oh ! l'horrible vision que ces troupeaux d'esclaves ! Il faut avoir entendu ce cliquetis des fers ! Il faut avoir vu ces efforts fiévreux et vains pour desserrer un carcan, pour secouer une chaîne qui meurtrit les chairs ! Et quelles odeurs fétides exhalent ces amas humains accroupis dans l'ordure ! Ces gens sont là, enchaînés depuis des mois ! Leurs os, qu'on voit saillir, semblent prêts à percer leur peau flétrie, et leurs yeux, démesurément grandis par la souffrance, ressortent au milieu des faces caves et décharnées, avec des regards d'hallucinés !

Vouloir fonder un poste européen en ces lieux maudits ; planter le drapeau de l'humanité, de la justice, de la liberté, au sein de pareilles abominations ; en un mot, déclarer la guerre aux marchands d'esclaves, c'était un téméraire projet ; Stanley l'osa. Il créa la station des Falls, qui fut le point culminant de ses efforts pour asseoir la domination du roi des Belges au Congo.

Hélas ! cette station eut un triste sort : en 1886 elle fut saccagée et incendiée par les Arabes de Nyangoué, et des deux

Européens qui s'y trouvaient, l'un fut tué et l'autre dut prendre la fuite; depuis lors, elle est demeurée au pouvoir des assaillants qui s'opposeront de toutes leurs forces à l'installation en ces lieux d'un pouvoir européen quelconque.

Après avoir fondé les Falls, Stanley redescendit le fleuve pour rentrer en Europe. En passant devant Vivi, il ne put maîtriser sa mauvaise humeur en constatant le peu de besogne qu'y avaient faite ses successeurs.

— Inutile de désigner, écrit-il, ceux de mes collaborateurs blancs qui ont le plus mérité le fouet de la censure; les 260 Européens qui, depuis moi, ont passé par Vivi, n'y ont pas déblayé un mètre de terrain, pas bâti une hutte !

En flétrissant ainsi les agents et les voyageurs du Comité du Haut-Congo, Stanley s'est montré réellement injuste; du reste, il est souvent tombé à faux lorsqu'il s'est agi de juger ses collaborateurs. Ainsi, dans ses citations à l'ordre du jour, il semble s'être préoccupé plutôt de complaire au Comité belge que de rendre justice au mérite ; témoin le brave Roger, un des plus vaillants pionniers de l'œuvre africaine, un de ceux qui secondèrent le mieux Stanley. Ce nom de Roger n'est même pas cité dans le gros ouvrage *Cinq années au Congo* où s'étalent, en revanche, d'importantes nullités : on y trouve tel personnage qui n'a jamais vu l'Afrique, mais à qui le courage et la vie des autres ont servi de tremplin et de titres à l'heure des récompenses royales.

En ce qui concerne Vivi, l'avenir a donné raison à ceux qui n'ont pas cru devoir y amonceler trop d'efforts et de travaux stériles; depuis plusieurs années déjà, cette station, dont Stanley voulait faire un quartier général, a été complètement abandonnée par ordre du Comité lui-même.

C'est à la fin de 1884, après une période de cinq années passées au service du Comité belge du Congo, que Stanley revint définitivement en Europe pour rendre compte de ses efforts au roi Léopold II dont la générosité avait fait jusqu'alors tous les frais de cette vaste entreprise.

N'insistons pas sur les nouvelles intempérances de langage qui marquèrent à cette époque le séjour de Stanley à Manchester notamment; il semblait vouloir ameuter l'Europe contre les conquêtes légitimes de la France au Congo, contre les droits historiques et séculaires du Portugal; mais son éloquence demeura sans effet; la conférence de Berlin consacra solennellement les possessions de ces deux pays; le Congo français était né. Elle reconnut en même temps l'existence de l'État Indépendant du Congo, vaste empire nègre aux limites un peu fantaisistes peut-être, dont la souveraineté fut dévolue à Léopold II, roi des Belges, le promoteur et, — disons le mot, — le seul propriétaire de cette grande entreprise africaine.

Jetant un regard en arrière, quel triomphe pour le petit mousse d'antan, pour l'enfant de Denbigh et de Saint-Asaph, pour le soldat reporter sans sou ni maille, lorsque, côte à côte avec le prince de Bismarck, il s'assit comblé d'honneurs, à la table des plus puissants du jour ! Lorsqu'il put enfin se dire, avec un légitime orgueil : « Par mes travaux et mes efforts, je suis parvenu à fonder un empire ; et désormais, de par le monde il y aura un roi qui me devra, à moi Stanley, l'une de ses couronnes ! »

ÉPILOGUE

Au secours d'Emin-Pacha. — Ce que l'on dit et ce que l'on tait. — Un traité avec Tippo-Tip. — La famine au Congo. — Sur l'Arouhouimi. — Rumeurs et symptômes alarmants. — Le Pacha blanc. — Conquête du Nil.

C'était en août 1886.

Un cri d'angoisse avait fait tressaillir l'Europe civilisée. Junker, l'un des survivants de l'épopée de Gordon au Soudan, écrivait sous le coup d'une émotion poignante : « — Il faut absolument qu'Emin « reçoive des renforts ; ce serait honte « éternelle pour l'Europe de ne point « tenter cette démarche suprême. Des « secours à Emin ! La corde à Mouanga « et à ses complices ! Ce n'est que dans « cet espoir que je tente mon retour. » —

Que se passait-il donc ?

Hélas ! qui n'a encore présente à la mémoire la sombre tragédie de Khartoum où Gordon tomba comme un héros antique ? Pas une souillure d'argent aux mains, des sévérités terribles, oui, mais la foi et l'audace d'un Prophète, tel était Gordon ; et ce restera une tache ineffaçable dans l'histoire de l'Angleterre d'avoir abandonné un pareil homme aux coups fanatiques de cet autre Prophète aux étendards noirs, aux coups du Madhi.

Or, de ce désastre soudanien quelques débris existaient encore. C'était, d'abord Emin, de son vrai nom Dr Schnitzler, originaire de la Silésie autrichienne : depuis 1876, il était au service du Gouvernement égyptien, tour à tour médecin pour les Provinces Equatoriales et voyageur au lac Victoria ; puis, il explora les lacs Albert et Ibrahim et pénétra dans l'Ounyoro et dans l'Ouganda ; en 1878, sur la proposition de Gordon, alors gouverneur général du Soudan égyptien, Emin est élevé à la dignité de Bey et on lui confie le gouvernement de la Province de l'Equateur. En moins de deux ans, grâce à l'habile administration de son chef, cette région presque aussi étendue que toute l'Europe civilisée, était rendue à l'ordre et à la paix : quarante stations et postes militaires y furent fondés et reliés entre eux par des communications sûres et régulières.

A la fin de 1881, éclata la révolte du Madhi, et Emin-Bey prévoyant les difficultés qui allaient surgir, fit un voyage à Khartoum pour arrêter avec le gouverneur Abd-El-Kader-Pacha les mesures nécessaires à la sauvegarde de sa province ; mais ses craintes furent taxées de puériles, on lui intima l'ordre de regagner son poste, et il quitta Khartoum, le

16 juin 1882, le cœur rempli des plus sinistres pressentiments.

Il n'y devait plus revenir.

On connaît les événements qui se précipitèrent alors : la chute de Khartoum, la mort de Gordon, les succès des Madhistes qui s'avancèrent jusqu'au fleuve des Gazelles (Bahr-El-Ghazal), dont Lupton-Bey était gouverneur ; seul, Emin résista aux lieutenants du Madhi : il concentra ses troupes vers le sud, à Lado d'abord, à Wadelai ensuite ; et là, il attendit les événements qui finirent par lui être favorables. Après avoir étouffé les révoltes des indigènes Baris qui avaient assassiné Linant de Bellefonds, après avoir soumis les Dinkas et les Chirs, Emin réoccupa successivement les postes de Regaf et de Lado, un moment abandonnés, et parvint à maintenir son autorité sur la plus grande partie de la province qui lui avait été confiée.

A côté de lui se trouvaient : le Dr Junker,

né à Moscou en 1840, voyageur en Islande, en Tunisie, sur le Haut-Nil, et qui, depuis 1881, s'associa à tous les travaux d'Emin-Bey; et Casati, ancien capitaine de Bersaglieri italiens, qui d'abord tenta de rejoindre Gessi, puis poursuivit toute une série d'explorations chez les Niam-Niam et chez les Mombouttou, jusqu'au moment où, ayant rencontré Junker, il se joignit à lui.

Les efforts des Européens tendaient notamment à assurer leurs communications avec les missionnaires de l'Ouganda où les choses allaient de mal en pis. Mtésa, que nous connaissons, était mort, et son successeur Mouanga nourrissait contre les Européens une hostilité qui s'était traduite par un acte de cruauté éclatant : il avait inauguré son règne, le 31 octobre 1885, par le massacre de l'Evêque-missionnaire Hannington, et le voisinage de ce sinistre empereur devenait une menace continuelle pour les derniers défenseurs du Soudan.

Ceux-ci, que l'Europe semblait avoir oubliés, se trouvaient réunis tous les trois à Wadelai, quand ils résolurent d'envoyer l'un deux à la côte : c'est Junker qui fut chargé de cette mission ; et quelque jour, retraçant l'histoire d'Emin-Bey, je dirai les péripéties émouvantes qui marquèrent ce voyage.

A l'appel de Junker, l'Angleterre, encore sous le coup de l'humiliation qu'elle s'était attirée en abandonnant Gordon, comprit qu'elle devait à son honneur d'envoyer une expédition au secours d'Emin que le Khédive venait d'élever au pachalat. Un comité fut formé à Londres, le « *Emin-Pacha Relief Expedition Comity* » sous la présidence de M. Makinnon, directeur de la compagnie de navigation « *British India* », et les fonds nécessaires furent rapidement réunis.

Restait à choisir un chef.

Un nom fut prononcé : Stanley. Et l'on eut beau alléguer dans le public que le grand explorateur commençait à être fatigué, et aussi que ses penchants belliqueux ne le prédisposaient pas à une mission de délivrance, le Comité à l'unanimité le désigna ; et comme il se trouvait alors en Amérique, un télégramme lui fut adressé auquel il répondit en acceptant ; il accourut à Londres où, pour honorer son courage, la municipalité le reçut en séance solennelle au Guildhall et lui conféra le droit de bourgeoisie.

Il importe d'ouvrir ici une parenthèse.

Certes, la mission dévolue à Stanley était bien de secourir Emin-Pacha ; mais de ce que le défenseur de Wadelai réclamait du renfort, il n'en faut pas déduire qu'il en fût à son dernier homme, à sa dernière bouchée de pain : Emin avait à ses côtés 2,000 soldats, et dans ses lettres il manifestait l'intention bien arrêtée de demeurer dans cette province dont il était gouverneur et qui, en somme, reconnaissait son autorité effective.

A côté de la question humanitaire qu'on mettait en avant, il était donc permis de rechercher quel autre projet hantait le cerveau du Comité anglais.

La lumière ne tarda pas à jaillir.

Dès le mois de décembre 1887, on apprenait, en effet, qu'une compagnie anglaise « *The British East African Association* », ayant à sa tête le même M. Makinnon, venait de passer avec Bargash-ben-Saïd, sultan de Zanzibar, un traité qui concédait aux Anglais les droits souverains sur la partie du Sultanat comprise entre Wanga et Witou, soit 350 kilomètres de côte, avec les ports de Mombas et de Melinde.

Or, Mombas se trouve en droite ligne à 1,200 kilomètres de Wadelai; et l'occupation de la côte orientale d'Afrique ne pouvant être un fait platonique, il devenait évident que l'Angleterre entendait s'ouvrir par là une large voie vers le lac Victoria, et se tailler ainsi un immense empire colonial qui, d'un bras toucherait à l'océan Indien pour, de l'autre, étreindre les régions fertiles du Nil[1].

A ce travail de géant, l'Angleterre avait compris qu'il fallait un homme hors ligne : et l'on choisit Stanley, passé maître dans l'art de confectionner des royaumes nègres.

Les préparatifs du grand voyageur furent lestement terminés.

[1] On lit dans le *National Zeitung* de Berlin, septembre 1887 :

« On ne s'est pas rendu compte, en Allemagne, du *vé-*
« *ritable* but de l'expédition Stanley. Au fond, elle n'en a
« d'autre que d'assurer à la domination anglaise les contrées
« équatoriales de l'Egypte qui ont un avenir certain, et de
« les préserver des velléités d'annexion de la part de la
« France ou d'autres puissances. En se basant sur les con-
« ventions conclues avec l'Allemagne, l'Angleterre ne ren-
« contrera aucun obstacle sérieux pour fonder là-bas un
« empire colonial africain appelé au plus brillant avenir.

Il se rendit d'abord au Caire où il conféra avec Junker, et où il obtint du Khédive l'autorisation d'enrôler une soixantaine de volontaires nègres; de là, il gagna Aden où l'avait précédé un officier anglais attaché à son expédition, le major Barttelot qui y avait engagé une centaine de Somalis, les premiers chameliers du monde.

D'Aden, Stanley se rendit à Zanzibar où le consul anglais avait recruté pour son compte les meilleurs soldats du pays, et d'où l'on avait dépêché une estafette pour annoncer à Emin-Pacha l'arrivée de l'expédition de secours; il y retrouva aussi ses autres officiers et auxiliaires anglais, entre autres le lieutenant Stairs avec une mitrailleuse, système Maxim, pouvant tirer six cents projectiles à la minute.

Mais un fait capital marqua son séjour à Zanzibar.

Tippo-Tip, ou plutôt Hamed-ben-Mohammed, — car Tippo-Tip n'est qu'un surnom donné à ce grand trafiquant arabe à cause du clignement de ses yeux, — Tippo-Tip que déjà les lecteurs connaissent, et dont les noirs troubadours de l'Afrique centrale chantent la puissance et les hauts faits, ce marchand qui, vassal de Bargash-ben-Saïd, n'en n'était pas moins maître souverain du Manyéma, Tippo-Tip fit entre les mains de Stanley acte d'obédience, et s'enrôla dans son expédition.

Pour bien mesurer l'importance de cet acte, il convient de rappeler que, peu de temps auparavant, les Arabes du Haut-Congo, amis et serviteurs de Tippo-Tip, avaient attaqué la station des Falls, en avaient chassé les officiers de l'Etat Indépendant du Congo, dont un avait péri, et s'étaient installés là-bas en maîtres sans que le gouverneur général eût pu les déloger. Stanley crut de bonne guerre de nommer Tippo-Tip commandant de cette province, estimant qu'ainsi l'Etat Indépendant du Congo la pourrait réoccupper sans coup férir.

Voici, du reste, le texte de cet étrange contrat, signé à Zanzibar le 24 février 1887 :

« M. Henry Morton Stanley, agissant « pour le compte de S. M. le Roi des « Belges, souverain de l'Etat Indépen- « dant du Congo, nommé Hamed-ben- « Mohammed, dit Tippo-Tip, en qualité « de *Vouali* dans le district de Stanley- « Falls, avec un traitement de 30 livres « sterling (750 francs) par mois, aux con- « ditions ci-après :

« 1° Tippo-Tip s'oblige à arborer le pa- « villon de l'Etat du Congo sur la station « des Falls, et à faire respecter l'autorité « de l'Etat sur le fleuve Congo et sur ses « affluents, tant à la station même qu'en « aval, jusqu'à la rivière Arouhouimi ; il

« s'engage à empêcher les Arabes et les « tribus voisines à se livrer au commerce « des esclaves ;

« 2° Tippo-Tip recevra un résident re- « présentant l'Etat Indépendant du Congo, « et se servira de son intermédiaire pour « toutes ses communications avec le gou- « verneur général ;

« 3° Tippo-Tip aura pleine liberté de « faire *son commerce légitime* dans « toutes les directions et vers tous les « points qui seront à sa convenance ;

« 4° Tippo-Tip devra désigner un rempla- « çant intérimaire auquel ses pouvoirs « seront délégués en son absence et qui « lui succéderait s'il venait à mourir. « S. M. le souverain de l'Etat du Congo « se réserve, du reste, de désapprouver le « choix de Tippo-Tip s'il y voyait des « objections sérieuses ;

« 5° Le présent engagement n'aura de « valeur qu'aussi longtemps que Tippo-

« Tip ou son remplaçant intérimaire,
« remplira les conditions énumérées ci-
« dessus. »

Ce traité fut diversement commenté : approuvé par les uns, blâmé par les autres, il en ressortait un point sur lequel on tombait d'accord, c'est qu'en le signant l'Arabe savait qu'il ne l'exécuterait pas; car s'opposer au commerce des esclaves dans l'Afrique centrale, c'était pour lui, la perte de son autorité, et Tippo-Tip n'est pas homme à jouer ainsi sa puissance, ses richesses, voire sa vie, pour 30 livres sterling par mois.

Quoi qu'il en soit, l'alliance fut conclue ; et, le 22 février 1887, Européens, Arabes et nègres, chefs et soldats, matériel et bagages, toute l'expédition avec Stanley à sa tête, prit place à bord du vapeur « Madura » de la *British India Company*, en direction de Banane, embouchure du Congo, où l'on arriva le 18 mars.

Dès le lendemain, Stanley partait pour Matadi où, dans la soirée du 21, il débarquait une première colonne qui devait gagner Léopoldville.

Hélas! A ce moment déjà les difficultés surgirent : aux 500 hommes que Stanley amenait avec lui d'Egypte, d'Aden et de Zanzibar, vinrent s'ajouter à Matadi les 580 porteurs congolais que MM. Troup et et Inghan, deux autres Anglais de l'expédition, étaient venus recruter d'avance au Congo; or, il y avait disette dans la contrée, et l'on ne put ravitailler un aussi grand nombre d'hommes : beaucoup moururent d'inanition, et, sur le seul trajet de Matadi à Léopoldville on en perdit soixante.

Arrivé à Léopoldville, Stanley, toujours talonné par la famine, se mit en quête de vapeurs pour transporter bien vite tout son monde sur le Haut Fleuve; l'Etat Indépendant mit à sa disposition son steamer « Stanley » avec ses baleinières; la mission baptiste lui prêta son vapeur « Peace »; mais cela ne suffisant point, Stanley demanda à la mission américaine le « Henry Reed » qui se trouvait également au Pool. Prétextant qu'il ne pouvait en disposer sans ordres de ses supérieurs, M. Bellington refusa net; Stanley s'emporta, menaça de s'en emparer de force, et les choses allaient tourner au tragique entre les deux Européens, quand M. Librechts, le chef belge de la station, s'interposa : moyennant la garantie de l'État du Congo et une indemnité de 250 francs par jour, on obtint enfin ce vapeur; et le 1er mai 1887, Stanley s'abandonna au cours du fleuve qu'il remonta avec toute son expédition à l'exception de 150 soldats qu'il laissa à Léopoldville ainsi qu'une partie de ses ravitaillements.

Le 31 mai, la flottille arriva à la hauteur du pays des Bengalas. C'est là que

Stanley se sépara de Tippo-Tip qui ne devait pas le suivre à Wadelai : accompagné des 96 personnes de sa suite, l'Arabe allait continuer sa route à bord du « Henry Reed » jusqu'au Falls, pour y rétablir l'ordre; Stanley lui avait adjoint le major Barttelot et 40 soldats soudanais pour lui prêter main forte, mais en leur enjoignant de ne pas s'attarder là-haut, et de revenir de suite à bord du vapeur rejoindre le gros de l'expédition aux rapides de l'Arouhouimi.

De son côté, poursuivant sa route, Stanley arriva au confluent de la rivière Arouhouimi où il s'engagea, et dont il suivit les sinuosités pendant plusieurs jours; cette région est très belle, très peuplée; partout, au-dessus du feuillage qui borde les rives, on voit s'élancer les toits pointus des huttes indigènes : on dirait d'un champ planté de longs éteignoirs et, pour fond de tableau, des savanes profondes qui courent à l'infini.

Cependant les naturels commencèrent bientôt à témoigner leur hostilité. En vain Stanley s'efforça-t-il de parlementer, rien n'y fit ; poussant leur cri de guerre, lance en arrêt et le bouclier haut, déjà les guerriers s'approchaient dans leurs grandes pirogues, quand Stanley eut l'idée de faire siffler brusquement les machines de ses vapeurs ; l'effet fut prestigieux : en un clin d'œil, saisis d'effroi, les noirs combattants détalèrent de toute la vitesse de leurs pagaies. Et quand, le lendemain, l'expédition s'empara des villages, elles les trouva déserts, sans vivres ni bestiaux : la nuit avait suffi aux indigènes pour se sauver en emportant leur bien et toutes leurs provisions.

Cet exode des Africains ne doit pas toujours être pris pour une lâcheté ni pour de la faiblesse ; c'est souvent une tactique qui consiste à attirer l'ennemi dans l'intérieur des terres, à l'affamer, et à tomber ensuite sur lui en masses compactes pour l'exterminer.

Le 18 juin, Stanley fit jeter l'ancre devant Yambuya, au pied des rapides qu'il avait explorés en 1883; il y éleva un camp retranché avec magasins pour ses marchandises et huttes pour ses hommes, et renvoya à Léopoldville les vapeurs dont il n'avait plus besoin, l'expédition devant à présent poursuivre sa route par voie de terre; il laissa en cet endroit un de ses officiers, M. Jamieson et 130 soldats; en outre, le major Barttelot les rallierait à son retour des Falls. En somme, il abritait dans ce camp la majeure partie des bagages et du matériel amenés par les vapeurs et qu'on ne pouvait transporter dans l'intérieur, faute de bras; Tippo-Tip s'étant engagé à envoyer des Falls, 600 porteurs on comptait là-dessus pour convoyer plus tard ces charges dans la direction qu'aurait prise Stanley.

Quant à lui-même, avec deux officiers anglais, le capitaine Nelson ét le lieutenant Stairs, avec le Dr Parke, M. Monteney Jephson et une troupe de 414 soldats et 54 auxiliaires, il se mit en marche le 20 juin 1887, dans la direction du lac Albert Nyanza où il se proposait de jeter une baleinière en acier qu'il emportait avec lui.

De Yambuya au lac Albert, il y a 700 kilomètres; donc, en comptant une moyenne de 15 kilomètres par jour, Stanley pouvait effectuer ce trajet en 55 jours, c'est-à-dire atteindre l'Albert dans la première semaine du mois d'août et arriver à Wadelai au plus tard le 15 août 1887. Lui-même l'avait ainsi indiqué dans la dernière lettre qu'on a de lui, de l'Arouhouimi, 19 juin 1887.

Or, bien qu'informé du voyage de Stanley, Emin-Pacha n'annonce son approche ou son arrivée dans aucun de ses messages de septembre, d'octobre, ni même de novembre 1887.

Devant ce silence, les inquiétudes allèrent grandissant en Europe; jetant un coup d'œil en arrière, on se rappela que c'est en ce même endroit, sur l'Arouhouimi que Stanley livra en 1877 ses combats les plus meurtriers; les naturels s'en seraient-ils souvenu? Auraient-ils attendu son expédition dans la région boisée pour l'anéantir? A-t-il lui-même été blessé, comme le rapportaient récemment des déserteurs arabes arrivés à Saint-Paul-de-Loanda? Et sa caravane, perdue dans les forêts, aurait-elle été décimée sans qu'un seul survivant en eût pu apporter la nouvelle?

Ces suppositions sont toutes possibles. En Afrique centrale, c'est par de tels bruits, vagues au début, inexplicables et contradictoires que l'on apprend parfois les plus graves événements.

J'en ai eu l'exemple moi-même en 1880. Je me trouvais alors sur le chemin de Karéma, en route vers le Tanganika, quand un jour des fuyards m'apportèrent une nouvelle à laquelle je n'ajoutai pas foi tout d'abord : Carter et Cadenhead que je venais de quitter un mois auparavant, avaient été massacrés à Pimboué et leur caravane était détruite. C'était pourtant l'exacte vérité. De tout leur brillant état-major de mahouts et de cornacs, — car ils s'en retournaient à la côte chercher de nouveaux éléphants domestiques, — un seul homme l'indien Bockheit, avait échappé à la mort ; il me rejoignit un peu plus tard et je le ramenai à Zanzibar avec Abdallah, le serviteur de Carter que Mirambo nous renvoya porteur de quelques papiers ; c'est ainsi que j'appris tous les détails de cet horrible drame dont les victimes, du reste, n'ont jamais été retrouvées.

Revenons à Stanley. D'autres faits rendaient la situation plus menaçante encore. Tippo-Tip, fort mal reçu aux Falls par les Arabes, semblait avoir failli à ses promesses ; non seulement la station n'était pas réoccupée au nom de l'État du Congo, mais, en outre, sur les 600 porteurs qu'il s'était engagé à fournir, il se borna à en envoyer 250 ; puis, un beau jour, on apprit qu'il avait quitté les Falls et s'en était retourné à Kasongo sa résidence du Manyéma.

Comme conséquence, au lieu de pouvoir se porter sur les traces de Stanley avec le gros de la colonne, le major Bartelot se trouve encore à l'heure actuelle au camp de l'Arouhouimi, immobilisé depuis un an et sans communication avec son chef.

En face de cette situation, qu'aura fait Stanley ?

Se sera-t-il arrêté pour attendre son arrière-garde, et ses émissaires auront-ils, en ce cas, été tous massacrés en route ?

Ou bien, sans s'inquiéter de ceux qu'il laissait derrière lui, se sera-t-il lancé en avant vers Wadelai ?

La première supposition n'est pas vraisemblable : ce serait mal connaître Stanley que le supposer capable de perdre un temps précieux en s'immobilisant n'importe où.

La seconde n'est pas admissible non plus, car il aurait, en ce cas, atteint Wadelai depuis longtemps, et la nouvelle en serait parvenue en Europe.

Mais j'ai le pressentiment que, — peut-être même de concert avec Emin-Pacha à qui il aura recommandé le silence à cause des Madhistes, — Stanley se sera porté avec ses 500 soldats, appuyés plus tard par une partie des 2,000 hommes d'Emin-Pacha, à la conquête du Soudan égyptien. Qui sait si, à cette heure, il n'est pas devant Berber, Souakim ou Khartoum, assiégeant le Madhi, vengeant la mort de Gordon, et exécutant, en un mot le programme que je développais plus haut : la création d'un immense empire colonial anglais aux régions du Nil?

Et, en effet, ne parle-t-on pas de l'arrivée d'un Pacha blanc au fleuve des Gazelles? Ne dit-on pas que cet homme, qui porte la terreur au camp du Madhi, marche en conquérant à la tête de forces imposantes vers Berber et Souakim?

Serait-ce Stanley à la conquête du Nil?

L'événement, de quelque façon qu'il se produise, aurait une importance énorme dont peut-être on ne mesure pas encore toutes les conséquences : en tout premier lieu, il porterait un coup mortel aux entreprises du Congo. Car, négociant ou trafiquant quelconques, qui songerait encore à emprunter les eaux de ce fleuve sauvage barré ici par des cataractes, là par la famine, plus loin par l'hostilité des naturels, alors que, pour pénétrer au cœur de l'Afrique, l'Europe aurait enfin conquis la vraie voie, le libre cours du Nil?

Cette tâche géante est à la taille de Stanley : il la tentera.

Aussi, en dépit des apparences et malgré les pronostics fâcheux, je persiste à croire qu'un jour je rouvrirai ce livre pour y ajouter quelque odyssée nouvelle du hardi voyageur : il faut s'attendre à tout de la part de Stanley et de sa complice, la fortune.

TABLE

ÉVREUX, IMPRIMERIE DE CHARLES HÉRISSEY

www.ingramcontent.com/pod-product-compliance
Ingram Content Group UK Ltd.
Pitfield, Milton Keynes, MK11 3LW, UK
UKHW020308230726
13925UKWH00001B/290

9 782013 478915